新时代侨务工作知识手册

《新时代侨务工作知识手册》编写组 / 编

中国華僑出版社
·北京·

中国侨联文化交流部
中 国 华 侨 出 版 社
联合出版

目录

第部分 华侨华人历史与现状综述

第一章　华侨华人数量和分布的历史变化[①]

华侨华人指中国移民及其后裔。中国海外移民历史悠久，可谓有海外贸易，就有因贸易原因而留居海外的商人水手。大规模的持续性海外移民始于16世纪末。至21世纪初，约可分为四个阶段或四次高潮，基本奠定华侨华人分布于世界各地的现状。由于国内外推动移民的因素和环境不同，四个阶段的移民目的地有很大差异，移民数量、结构和在侨居地的境遇也各不相同。

百多年来，尽管国内外学者对中国移民史和华侨华人的研究成果甚丰，但多集中于区域、国别华人史的研究，鲜有对中国移民及其后裔数量的整体估算。当地国人口统计资料匮缺、民族身份确定标准不同或华人刻意隐瞒身份等诸种因素，都导致各个历史时期对各国华侨华人数量的估计有巨大差异。例如，对21世纪初华侨华人数量的估算，从3000万到8700万都有，导致中国对华侨华人数量大多用“几千万”的含糊提法。相对而言，发达国家的人口分类和出入境统计资料较完备，而发展中国家则缺乏相关人口及分类统计，需要根据各种资料推算。本文对世界华人数量估算的资料来源和依据为：当地官方统计数据，

① 本章内容源自，庄国土：《世界华侨华人数量和分布的历史变化》，《世界历史》，2011年，第5期。

当地华社和中国使领馆人员的估计，华人身份的认同变动对人口数量的影响，出生率因素等。在此基础上，探讨近400年华侨华人数量和分布的变化，重点研究近30年来华侨华人的数量和分布。

一、17—19世纪中叶中国第一波海外移民潮及其数量估算

国人移居海外，可或因灾变，或因战乱。但是，20世纪以前持续大规模移居海外的主因，一是因为国内人口激增而谋生艰难，二是因为西方进行殖民开发而急需劳动力。海外贸易的繁荣，则是中国移民赖以成行的首要条件。盖人随船往，在异域寻求商机和谋生空间，定居后再介绍亲友同往，移民潮逐渐形成。

据《汉书・地理志》载，早在公元初，中国海商就已前往东南亚。宋代以后，凭借中国发达的农业和手工业、先进的航海和造船技术，中国商人逐渐取代了阿拉伯商人，主导印度洋和东亚海洋之间的海上贸易，直至欧洲人东来。中国海商足迹遍及东亚各沿海商港。至迟在15世纪初，东南亚已出现中国移民聚居区。郑和下西洋前夕，爪哇的苏拉巴亚和苏门答腊的旧港，各有数千人聚居的中国移民社区，主要从事贸易活动。明、清朝廷多次厉行海禁，视海外华商社区为海盗集团。旧港海商集团为郑和剿灭，苏拉巴亚华人社区也逐渐湮没。但只要华商仍主导东亚海洋贸易，中国移民仍能依托海外华商网络的形成和发展而前往

海外。随着明朝后期海外贸易重新开放，中国海商开始重新活跃于东亚各贸易港口。中国第一次大规模海外移民潮，始于16世纪末以后欧洲殖民者在东亚的殖民扩张。一方面，欧洲人将东亚带入欧洲人主导的全球贸易网络，使东亚商品，尤其是中国商品能大规模进入国际市场，也将中国海外贸易网络纳入欧洲人主导的全球贸易网络中。至17世纪前期，东亚各贸易港及其周边地区，已形成大小不一的华人聚居区。

17世纪初，海外华人主要集中在菲律宾的马尼拉，日本的长崎，爪哇的巴城、苏鲁马益（泗水）、万丹，马来亚的北大年、马六甲、吉兰丹，暹罗的大城及北缅甸的八莫等地，数量多者数万，少者千人以上。华人最多的地方是菲律宾。1571年西班牙人占领马尼拉时，当地只有150余名华侨；到1588年，华侨总数增至万人以上；到1603年，在菲华侨已达2.5万人。闽人何乔远也有类似记载："其地迩闽，闽漳人多往焉，率居其地曰涧内者，其久贾以数万，间多削发长子者。"

日本也是华商的另一重要聚居地。16世纪末，长崎华商已有两三千人，后增至万人，合日本诸岛，约有两三万人。1625年，福建巡抚南居益称：中国私商往日本众，闽粤三吴之人，驻于日本者几千家。与日人通婚长子孙，名曰"唐市"。

1619年荷人开埠巴城时，当地已有华人300～400名。荷人极力招徕华人建设巴城。1627年，华人总数达3500人。

到 1658 年，巴城华人总数约 5000 人。西爪哇万丹港是东南亚著名的香料贸易港口，华人在万丹的地位相当重要，万丹国王“立华人四人为财副”，司贸易、征榷之事。1609 年，德国人约翰·威尔铿记载：“华人在万丹也有几千人居住，其中大部分人很富有。”

马来半岛的北大年明代为暹罗属地，多华人流寓。1578 年，中国海商武装集团头目林道乾曾率众投奔北大年，辟地聚居。据荷兰东印度公司档案记载，1602 年荷兰船队停泊北大年时，“城中身强力壮的男子有一半是华商，另一半由暹人和马来人组成”。明代末期，北大年是东南亚的著名商港，北大年女王又是附近诸藩国的共奉之主，全城人口至少也应万人以上，华侨人数应在 3000 ~ 5000 人。据《东西洋考》记载，嘉靖（1522—1560）末年，中国海盗逃奔到北大年城的码头吉兰丹，已生聚至两千余人。暹罗另一城市大城（Ayuthaya），与中国贸易历史悠久。当地“国人礼华人甚挚，倍于他夷”。缅甸北部的江头城，明代有很多华侨在此从事商贩和采矿（玉石）活动。朱孟震的《西南夷风土记》记载：“江头城外有大明街，闽、广、江、蜀居货游艺者数万，而三宣六慰被携者也有数万。”江头城旧考在八莫，新考在杰沙，但两地相距不远。缅北华人流动性较强，因陆路畅通，频繁往返边境，至少缅北华人也应在 2 ~ 3 万人以上。

以上是东南亚地区华人较多，又有数字可供推算的主要聚居地。尚有一些较小或没有具体数字可供推算的华侨

聚居地。柬埔寨蔔木洲（金边地区）多有华商前往贸易，“市道甚平……熟地华人自为戎首也”。熟地华人即久居其地的华侨，以篱木洲为中心的华人应有一定规模。苏门答腊的巨港曾是明初闽粤海商啸聚之处，在1577年“中国人见大盗林朝曦在三佛齐，列肆为番舶长，如中国市舶官”。明末葡萄牙人已在马六甲设华人甲必丹。这些地方的华人聚居地应有一定规模。此外，尚有不少史料提到东南亚其他地方的华人，但或数量太少，或无法推测其规模（如安南，历代均掳掠中国边民，占城也常贩卖中国人口）。

以上较可推算的海外华人聚居地约有10万人，加上其他无法推测的有少量华人的地方，17世纪初的海外华人数量应当在10万人以上。

17世纪中期以后，随着清朝开放海禁，中国海外贸易复兴。在东南亚，欧洲人的殖民经济开发也激发对商贩、工匠和普通劳力的巨大需求。由于1639年日本幕府施行锁国政策，禁止外国人在日本定居，17世纪初活跃的日本华人社会逐渐湮灭，融入日本社会。东南亚是中国海外移民的主要去处。无论在西属菲律宾、荷属东印度、法属印度支那或英属马来亚，各东南亚的欧人殖民政府均竞相招徕中国海商、工匠和劳动力。暹罗、缅甸的土著政权也乐意招徕华商发展经贸。中国人成为中国商船最重要的出口商品之一。17世纪后期以后，深受清初海禁、迁界之苦的东南沿海人民纷纷相率出洋，福建水师提督施琅在奏疏中描述这种出洋盛况：“数省内地，积年贫穷，游手奸宄，实繁有徒，乘此开海，公行出入，恐至海外诱结党类，蓄毒酿祸……如今贩洋贸易船只……只数繁多，赀本有限，饷税无几，且藉公行私，多载人民，深有可虑。”华商船舶运载中国人出国规模从1727年闽浙总督高其倬奏折中可见一斑：“查从前商船出洋之时，每船所报人数连舵、水、客商总计多者不过七、八十人，少者六、七十人，其实每船私载二、三百人。到彼之后，照外多出之人俱存留不归。更有一种嗜利船户，略载些须货物，竟将游手之人偷载四、五百之多。”

18世纪中叶以前，海外中国移民主要在东南亚港口地区从事与商贸相关的行业。到18世纪中后期，中国海外移民的职业和社区分布发生很大变化。随着18世纪东南亚殖民经济的发展，大量中国移民从事采矿业、种植和加工业、营建业等。华人社区也从东南亚沿海港口地区扩展到内地。到19世纪初，加里曼丹、马来半岛、缅北和越南北圻的金、银、铜、锡矿区，越南南圻、马来半岛、西爪哇和暹南内陆的垦殖区和种植园，都已形成大小不等的华人社区，这些华人社区又成为更多移民的容身之地。

18世纪30年代访问巴城的陈伦炯估计“中国人在彼（巴城）经商耕种者甚多……人口浩盛，住此地何啻十余万。”据19世纪初统治爪哇的英人莱佛士记载：“（这种）船只称为‘戎克’（Junk），每十艘中就有八艘每年从广州和厦门载米、茶叶、瓷器……这些帆船每年都带来一种宝贵的输入品，即一百至五百名勤勉的乡亲。”莱佛士统治爪哇

时，曾于1815年进行人口调查，统计显示：1815年巴城华人为52394人，全爪哇华人为94441人。根据荷属东印度政府的统计，1856年，巴城华人为40806人，全爪哇为135749人。由于很多华人，尤其是很多土生华人和无证华人没有被统计，荷属东印度的历次人口统计均低估华人数量。18世纪中期后，西婆罗洲（今印尼加里曼丹）发现金矿，华人成为开采金矿的主要劳动力。18世纪末期到19世纪初，西婆罗洲每年入境华人在3000人以上。19世纪前期，全加里曼丹华人总数约15万人。这一时期海外华人社会发展最快的是暹罗（今泰国）。暹罗王室历来善待华人，华人享有“商业上合理的自由，历代国王都友好相待”，特别是18世纪后期，父为潮州人的混血儿郑昭成为暹罗国王，大力招诱华人来暹，潮州人南渡络绎于途。19世纪初出使暹罗的英人柯罗福记载：“旅客是从中国到暹罗的最重要的输入”“一艘戎克船一次送1200个华人到曼谷”，每年到曼谷的华人少说有7000人。据他估计，到了1821年，暹罗已有华人70万。18世纪中后期到19世纪中期，马来半岛、越南、柬埔寨等地华人数量也快速增长。马来半岛的柔佛、槟榔屿、吉兰丹、宋卡等，越南中圻和湄公河三角洲、缅甸仰光等地，都涌入相当数量的华人移民。

19世纪中期以前，绝大部分中国移民都是前往东南亚。虽也有少数中国人移居北美、非洲和印度等地，但其数量之微可忽略不计。笔者估计，东南亚华人主要聚居地首推暹罗，当在70万人以上，爪哇约在14～15万人，婆罗洲约15万人，马来半岛各土邦境内和海峡殖民地超过5万人，越南10数万人，缅甸11～13万人，菲岛近万人，加上其他地区较少而未加以推算的华人，全东南亚地区的华人约在150万人左右。

二、1850—1950年代两次移民高潮的华侨华人分布和数量估算

这一时期最大的中国移民潮是大规模华工出国，也即臭名昭著的中国苦力贸易。其次是1920年代以后的自由移民出国。

早在17世纪前期，荷兰东印度公司就开始掠运和拐卖华工到东南亚。17—18世纪东南亚各地的华工，大多以这种方式出国。大规模华工出国始于第二次鸦片战争以后。其外部原因是欧美各国于19世纪前期相继废除奴隶贸易制度，各欧属殖民地及美洲之路矿、种植园均缺劳动力，故转向中国沿海通商口岸寻求替代黑奴之苦力。华工多被诱骗拐卖出洋，时称“猪仔贸易”。国内推力，则是乾嘉以来中国人口激增产生大量剩余劳动力和朝廷被迫允许华工出洋。19世纪中期以后，闽粤人口较之18世纪后期已有倍增，如使英大臣薛福成所言：以昔一人之衣食，而今供二十人焉。以昔居一人之庐舍，而今居二十人焉。故凡山之坡，水之浒，暨海中沙田，江中洲畔，均已垦殖无余。出洋谋生虽非坦途，也强如在家饥寒交迫。1860—1870年代，厦门、汕头、广州、澳门和香港，次第为苦力贸易中心。列

强在中国各通商口岸设苦力馆，雇请当地客头拐贩，诱拐乃至绑架至苦力馆，迫其签订契约，装船出洋，多被贩往古巴、秘鲁、毛里求斯、留旺达、澳洲、北美等地。海外华人分布，也由此从集中于东南亚到定居全球各地。1880年代以后，欧美及其属地开始排华，华工多往东南亚。新加坡成为前往东南亚的华工集散中心。华工先贩运至新加坡，再被分送东南亚各地种植园和矿场。新加坡和槟榔屿各有包揽专权之华人客头，在中国口岸招诱华工。根据陈泽宪先生的研究，从19世纪中期到20世纪前期，出国契约华工超过265万人，其中，运往东南亚以外的地区逾90万人。其他类华工尚不在其数。在1876—1898年的23年间，仅从厦门和汕头两地出国往东南亚各地的华人共达285万人。法属印度支那华人数十万，广东肇庆籍最多，次为潮州籍、客家籍、闽南籍。英属缅甸华人十数万，多滇籍、闽籍和广东肇庆籍。菲华近十万人，几均为商贩，九成为闽南人。

第一次世界大战结束以后，中国海外移民掀起第三个高潮，其主要流向地仍是东南亚，直接动力是东南亚的经济繁荣。20世纪初以后，西方工业革命所带动的新兴产业的发展，陆续波及其东南亚的殖民地和暹罗。来自各殖民宗主国的工商资本，纷纷涌入东南亚，投资于铁路、港口、电力、航运、制造业、金融业等，引发对熟练劳动力的需求。传统的采矿、种植、原料加工、商贸等行业，也有较大发展。第一次世界大战期间，东南亚各殖民宗主国均卷入世界大战。受战争牵制，各殖民宗主国对东南亚的投资几乎中断，商品输出也大为减少。东南亚华商资本乘机崛起，纷纷投资银行、航运、五金机械、橡胶、农产品加工等现代产业。第一次世界大战期间的各交战国对生产资料和生活资料，尤其是与战争相关的橡胶制品、锡、粮食、食糖、各类五金制品、小型船舶等的需求激增，进一步刺激东南亚华商企业的发展。经济发展刺激了对劳动力需求的增长，廉价劳动力从中国南方不断涌入东南亚。1922—1939 年，从厦门、汕头、香港出洋的移民就约 550 万人，绝大部分前往东南亚。在 1918—1931 年，仅从汕头、香港两地出境的移民，就达 380 万人。据当地官方统计，1931 年时，新马华人中第一代者占 68.8%，1932 年，泰国第一代华人占 45.73%。1930 年以后，受世界经济危机的影响，东南亚经济逐渐萧条，华人企业景气不再，华人谋生不易，甚至归国者多于出国者。据厦门、汕头、海口三口岸的华侨出入境资料显示，1931—1934 年华侨归国者多于出国者 35.4 万人。1935 年后，东南亚经济复苏，中国人移民东南亚浪潮复起。1937 年，新马入境中国人 402,563 人，泰国入境中国人 6 万人，为历年最高中国人入境数字。到太平洋战争爆发时，东南亚华人至少在 700 万以上，分布在数以千计的东南亚华人社区。第二次世界大战结束初期，华人再次大规模前往东南亚，但不复第二次世界大战前盛况。除入境泰国的中国移民较多外，一些国家的离境华人甚至多于入境华人。1947—1949 年 3 年间，离开新加坡的华人

为 294,805 人，入境华人为 248,617 人。

20 世纪上半叶，东南亚以外的国家少有中国移民进入。其原因是欧美各国及其属地均实行排华政策，限制华人入境。19 世纪末形成的华人社区，其数量变动主要取决于人口增长率。又由于华人多为单身移民，东南亚以外的华人社会数量基本没有增长。如美国，其 1890 年的华人人口为 107,475 人，1940 年为 106,334 人。但美国在 1943 年废除排华法令，允许在美华人加入美国国籍，同时给予华人移民配额。因此，美国华人数量从 1940 年的 10 万人增加到 1950 年的 15 万人。拉丁美洲、大洋洲、非洲、欧洲等地因华人不得入境，留居当地者因返乡或病故，或基本同化于当地社会，华人数量比 20 世纪初反而减少。

到 1950 年代初，世界华人总数为 1200～1300 万人，90% 集中在东南亚。其中荷属印尼华人总数超过 350 万人，泰国约 300 万人，英属新加坡和马来亚共约 310 万人，越南约 100 万人，菲律宾和缅甸各约 35 万人，柬埔寨约 42 万人，老挝约 5 万人，文莱约 1 万人。日本和朝鲜共约 6 万人，亚洲其他地方约 2 万人。美国 15 万人，加拿大 3.2 万人，拉丁美洲约 10 余万人，欧洲约七八万人。非洲不超过 5 万人，大洋洲约 4 万人。

三、20 世纪 70 年代至今华侨华人分布和数量估算

中华人民共和国成立后至 1970 年代后期，持续 300 余

年的中国海外移民大潮中断。一方面，中国政府严厉限制人民向海外迁徙，海外关系成为“污点”。另一方面，世界各国，尤其是独立后的东南亚国家，出于对“共产主义”国家的防范，也拒绝接受来自中国大陆的移民，并相继对本国华人社会采取或激进或和缓的同化政策。因此，1950年代至1970年代末，世界华侨华人的人口数量增长主要是华人人口的自然增长。到1980年代初，华侨华人数量约2000万人。

20世纪70年代末以来，中国再次成为国际移民大潮的组成部分。发达国家修改移民政策是国际移民潮形成的直接推力，1965年美国移民政策的改变，引发席卷全世界的国际移民潮。美国1924年制定的移民法规定的移民配额，是根据1890年美国人口的国籍比例给予各国的移民额度，目的是为了保持以西欧和北欧后裔为主的美国种族比例，其结果是94%的移民配额给予北欧和西欧国家。1965年的美国新移民法，改为给予西半球以外每个国家2万名的移民配额，无论其种族和国籍如何。该移民法规定移民美国的两个优先原则：一是美国公民家庭团聚；二是美国需要的专业人才。1965年以来实施的美国新移民法虽然对各国一视同仁，但1960年代以后，欧洲经济繁荣，乐意移民美国的欧洲人并不多，主要受惠者是亚洲和拉丁美洲人，特别是中国人。

美国移民法的改变，开启了第二次世界大战以后发达国家大规模接受发展中国家移民的先河。此后，加拿大、

澳大利亚乃至日本、韩国、新加坡等国家和地区为了弥补劳动力的不足和吸引专业人才，逐渐淡化原有移民政策的种族和意识形态色彩，放宽对来自发展中国家移民流入的限制，从而掀起发展中国家大规模向发达国家移民的浪潮。经济全球化带动资金、信息、技术、劳动力在全球范围内加速流动，使国际移民活动以前所未有的规模进行。虽然其主流是发展中国家人口大量移居发达国家，但发展中国家之间的移民流动也与日俱增。

中国改革开放伊始，移民潮持续至今。依出国目的、途径和职业结构，中国新移民大体可分为四种类型。

第一类移民为留学生。从1960年代中期到1980年代中期，将近15万中国台湾学生赴美国攻读研究生学位。根据中国台湾"侨委会"2007年发布的调查报告，海外中国台湾人约107万，其中，定居美国者约59万，超过70%具有大专文化水平，其中有硕士、博士学位者占35%。中国大陆大规模派遣留学生虽迟于台湾，但其数量很快后来居上。迄2006年，中国大陆留学人员数量已超百万，连同其出国眷属，以留学渠道移民国外的中国大陆人总数当在100万以上。留学成为中国人移民国外的主渠道之一。无论大陆或港台，中国留学人员主要前往发达国家，尤其以北美为最。

第二类移民为非熟练劳动力，他们主要以亲属团聚理由申请定居身份，少部分人则选择非法途径前往国外定居。非熟练劳动力移民也主要前往发达国家，尤其是美国。福州人是中国非熟练劳力移民美国的典型。近 20 年来，移民美国的福州人高达 60 多万人。至 2005 年，仅福州市所辖的 60 多万人口的长乐县（市），就有近 20 万人移民美国。在 1980 年代，有 84.5% 来自大陆的美籍华人为父母申请移民美国。我们在福州侨乡调查中，通常一个 1980 年代末定居美国的移民，可带出 20 来个亲友。在 2002 年纽约福州人聚居区的调查中，大多数 1970 年代定居美国的福州籍老华人，都带出数十个亲属。其中最多的一位 1968 年定居美国的福清人，带出 100 多位亲友。

第三类移民为商务移民，包括投资移民、驻外商务人员和各类商贩。1990 年代中期以前，前往发达国家的中国投资移民主要来自港台。在 2000 年以前将近 60 万的香港海外移民中，可能有 30% 属商业移民。1990 年代后期以来，中国大陆前往发展中国家的投资移民数量增长较快，尤其在东南亚地区。1990 年代以后，中国大陆逐渐成为世界制造业中心，中国制成品畅销于发展中国家，对发展中国家的投资、工程承包数量激增，大量中国大陆的商贸人员随之前往世界各地，尤其是涌入发展中国家。

第四类移民为劳务输出人员。劳务输出人员有别于一般移民。大部分劳务人员在合同期满后回国，少部分留居当地。通常中国出国劳务人员的期限一般是两年，且常年保持增长趋势，可视为特殊移民群体。

大体而言，来自台湾的移民高度集中于美国，其次是加拿大和澳大利亚。来自香港的移民主要前往加拿大、美

国和澳大利亚。

日本和韩国是近20年来中国新移民增长最快的地区。尤其是近年来，大量学生赴日留学、工作定居，每年数量都在5万人左右。根据日本法务省入国管理局统计，至2007年，华侨华人数量超过60万人。日本《中文导报》社长兼2007年华商大会组委会副主席罗怡文预计，在未来5年左右，日本华人华侨数量应达100万人。至2009年底，在日中国人登记者达680,518人，比2008年增长3.8%。加上未统计的持日本护照华人和数以万计的超期滞留者，日本华侨华人数量已超过70万人。

中韩建交后，两国贸易呈现超常规发展。2006年，韩国已成为中国第二大贸易伙伴国、第六大出口市场国和第三大进口来源国，双边贸易额达到1343.1亿美元。中韩建交及两国贸易的超常规迅速发展，旅韩中国人数量急剧增加。据韩国法务部出入境外国人政策本部资料，1985年华侨华人仅25,087人，绝大多数持台湾“护照”。2004年旅韩中国人已达到20万人，2006年超过了30万人，截至2007年底，更是多达50万人。主要为来自东北地区的朝鲜族，占旅韩中国人总数的近70%。截至2009年底，在韩中国人586,662人。其中朝鲜族人为377,560人。

在发展中国家的中国移民，则绝大多数来自大陆，以商贩为职业者占相当比例。以东南亚为例，在东南亚的253～288万中国新移民中，不到3%是港台投资者与眷属。

从1970年代至2008年，从中国前往世界各地的移民超过1000万。其中，来自港台的为160~170万，来自中国大陆的为800多万。前往发达国家的中国新移民近700万，前往发展中国家的300多万。无论是前往发达国家或发展中国家，都有相当部分是非正式途径移民。

由于大规模的新移民的加入和华侨华人社会本身的人口自然增长率，至2007—2008年，世界华侨华人总数增至约4543万人。其中，东南亚有3348.6万人，约占全球4543万华侨华人的73.5%。

17世纪初，世界华人数量约10余万人，基本上集中在东南亚。随着中国与东南亚商贸关系的发展，至19世纪中期，世界华人数量约150万人，仍高度集中于东南亚。19世纪中叶以后大规模华工出国，从根本上改变了世界华侨华人分布的状况，北美洲、拉丁美洲、大洋洲和欧洲都出现数量不等的以华工为主的华人社区。又由于19世纪后期东南亚以外的国家和地区均排斥华工，20世纪初华人的数量仍高度集中于东南亚。到1950年代初，世界华人数量在1200~1300万人之间，东南亚华人所占比例超过九成。1970年代以来，大规模的中国新移民决定性地改变世界华侨华人高度集中于东南亚的格局。到2008年，世界华侨华人总数超过4500万人，而东南亚的比例降为73%。发达国家的华侨华人数量激增，日本和韩国的华侨华人数量增长最快。北美华侨华人多达530万人，从1980年代以前占世界华侨华人总数的4%增至2007年的

近 12%。欧洲华侨华人从 1980 年代以前占华侨华人总数不足 1% 增至 2007 年的近 5%。华侨华人聚居区几乎遍及全球各大洲的各个国家，尤其近百年来中国移民鲜至的拉丁美洲、非洲和中东各地，现在也出现多个数以万计的华侨华人聚居区。

第二章　当代国内外侨情的发展变化

中国是一个侨胞众多的国家。目前，在全世界100多个国家和地区居住着约6000万海外侨胞，国内有归侨侨眷3000多万。(2014年3月，时任国务院侨办主任裘援平表示，据最新统计，现在海外华人华侨有6000多万人，分布在世界198个国家和地区。)在中国革命、建设和改革发展的各个历史时期，他们心怀祖（籍）国，情系桑梓，为中华民族的独立和解放、为国家的繁荣和发展作出了重要贡献，发挥了独特作用。近二三十年来，国内外侨情发生了重要变化。

第一，海外侨胞人数增多，新侨涌现，分布更广。20世纪初，全球华侨华人总数为400～500万；20世纪50年代初，总数增加至1200～1300万；到2007—2008年间，已达4543万人，如今约为6000万人。改革开放以来，出国留学和海外移民人数越来越多，新一代华侨华人不断成长。从分布来看，华侨华人不再高度集中在东南亚地区，而是随着经济全球化大潮以及中国与相关国家关系的改善，逐步走向世界各地，尤其是发达国家和地区。

第二，华侨华人经济、科技实力不断增强。20世纪90年代以来，海外华人立足当地、融入当地、在当地发展的势头不断增强。西方发达国家涌现了一大批以知识和智力资源为资本，注重科技创新的华人高科技企业。在美国，

华人移民经济实力不断增强，从事商业的规模与数量均超过以往，他们不只经营传统的中餐、制衣、洗衣等家庭小作坊，还开始进军高科技企业和跨国企业。东南亚一批新的华人企业也日益崛起，海外侨商与中国开展合作交流的愿望更加强烈。

第三，国内外侨胞参政意识与参政能力提升。美国等发达地区和国家的华人参政热情和参政档次得到显著提升，涌现了不少华裔的部长、州长、市长和各级议员。同时，在海外的侨团，尤其是传统侨团，认同中国政府，支持中国现行政策的比例在不断增加，华侨、归侨和侨眷有着强烈的参政议政愿望。

第四，回国创业的海外高层次人才愈来愈多，对祖（籍）国的贡献越来越大。甚至可以这样说，改革开放后中国经济的发展首先就是海外华人的功劳。时至今日，海外侨胞、港澳同胞仍然是中国引进资金、技术和人才的重要来源和渠道，仍然是各项建设事业、社会公共事业的重要参与者。海外华人对大陆的投资不仅在很大程度上解决了资本和就业问题，更为主要的是加快了中国从相对封闭的经济状态向开放状态的转变。在进入经济转型、倡导科学发展、构建和谐家园的今日中国，具有高学历、黄金工作年龄，拥有丰富实践经验，保持高昂创新精神的海外高层次人才已成为中国经济建设的一支逐渐壮大并日益发挥巨大潜能的生力军。

十九大开启的新时代，将为华侨华人全面参与新时代的中国现代化建设提供新机遇，也将为侨务工作提供前所未有的大平台。

一、十九大为华侨华人全面参与中国现代化进程提供新机遇

十九大报告强调，要广泛团结联系海外侨胞和归侨侨眷，共同致力于中华民族伟大复兴。同时，报告提出实现伟大目标的发展理念和基本方略，为华侨华人参与中国现代化进程提供了前所未有的机遇。

第一，十九大报告提出，要贯彻新的发展理念，建设现代化经济体系，建设制造业强国。首先，先进制造业需要高端技术和管理人才，而华侨华人人才数量众多，专业高度集中在科技行业和管理行业，其对加快发展先进制造业，推动互联网、大数据、人工智能和实体经济深度融合能发挥积极作用。其次，发展高端产业需要巨额资金，金融实力雄厚的海外侨资将是中国发展高端制造业的重要资金来源。因此，可以期待，华侨华人专业人才、海外侨资企业和金融资本，将有效助力中国建设现代经济体系、建设制造业强国。

第二，十九大报告提出，要加快完善社会主义市场经济体制，培育具有全球竞争力的世界一流企业，支持民营企业发展，激发各类市场主体活力。海外侨资企业有不少是具有全球竞争力的一流企业，其在华企业是中国市场经济的重要组成部分，是一支促进中国市场经济发展和完善的

生力军。十九大开启的中国市场经济发展新格局，以完善产权制度和要素市场化配置为重点，将为更多海外侨资进入中国市场提供更公平的竞争机制和良好的制度环境，而侨资企业也将进一步为中国的市场经济注入新的活力。

第三,十九大报告提出，要坚定实施科教兴国战略，优先发展教育事业，支持和规范社会力量兴办教育。华侨华人群体具备一定的科技和教育实力，有望为科教兴国战略的实施作出贡献。首先，华侨华人群体拥有众多世界级的科技领军人才。进入 21 世纪以后，中国科技与教育的进步举世瞩目，但一流科技和专业领军人物仍然不能满足现实需要，而华侨华人群体所拥有的一流学科人才，或将在很大程度上弥补这个不足。其次，华侨华人历来高度重视教育，不但重视子女教育，也重视家乡和祖（籍）国的教育，踊跃资助教育事业乃至以办学为己任的华侨华人层出不穷。新时代，华侨华人必将继续热心支持中国科教事业，为中国的科技和人才战略实施作出积极贡献。

第四,十九大报告提出，人才强国战略要集聚党内和党外、国内和国外各方面优秀人才，这将是华侨华人参与新时代中国现代化进程的重要机遇之一。新时代中国全方位高速发展需要大批各领域的专业人才，而海外华侨华人在这方面优势明显，应创造条件充分发挥华侨华人的智力和人才优势。

第五,十九大报告提出，要坚定文化自信，深入挖掘中华优秀传统文化蕴含的思想观念、人文精神、道德规范。

华侨华人融通中西文化，他们不但承继中华传统优秀文化，而且善于结合时代精神改造和创新中华传统文化。因此，华侨华人能成为构筑中国精神和中国价值的重要力量。

第六，十九大报告提出，要加强中外人文交流，推进国际传播能力建设，讲好中国故事，提高国家软实力。华侨华人是中华优秀传统文化的继承者，本身又是中国形象的体现者。华侨华人在住在国的成功，不但让他们本身成为中国故事的最佳讲述者，还成为优秀中华文化的体现者。在增强中外人文交流和传播中华文化方面，华侨华人将发挥独特作用。

第七，十九大报告提出，要推动构建人类命运共同体，提倡以文明交流超越文明隔阂、文明互鉴超越文明冲突、文明共存超越文明优越。华侨华人本身就是不同文明互鉴和共存的体现者，他们有能力充当不同文明交流的媒介。遍布世界各地的华侨华人，不但是中华文明的传播者，还熟悉各种异域文明，也能为其他文明传入中国牵线搭桥，成为新时代中外文化交流和不同文明互鉴共存的重要推动者。可以说，十九大开启的新时代，为华侨华人全面参与中国现代化建设提供了新机遇，而实力日益强大的华侨华人群体，也能把握新机遇，为实现新目标作出独特贡献。

二、华侨华人是“一带一路”建设的重要助力

十九大报告提出，要以“一带一路”建设为重点，推动形成全面开放新格局，要积极促进“一带一路”国际合

作，努力实现政策沟通、设施联通、贸易畅通、资金融通、民心相通，打造国际合作新平台。在此背景下，华侨华人将是“一带一路”建设最重要的传播者、合作者与沟通者之一。

第一，华侨华人既能充当“一带一路”建设的传播者，也能为中国与住在国主流社会进行政策沟通提供媒介。当前，一些周边国家对“一带一路”建设仍有一定程度的疑虑。华侨华人熟谙当地社会，他们对“一带一路”的正面推介更易为住在国民众所接受。目前很多中国企业在“一带一路”沿线地区进行大规模投资和从事经贸活动，但由于其对当地法规、政策或民情不熟悉，当地民众对中资企业的运作模式和流程不了解，中国企业在当地可能会面临遭遇抵制或欺骗的风险。华侨华人久居当地，熟谙当地法规政策和民情，更知晓如何有效推介中国经贸政策，也能为中资企业提供更详尽的法律条款和政策解读。

第二，华侨华人是“一带一路”建设的重要合作者和投资者。海外华商产业和金融实力雄厚，无论作为贸易合作伙伴，还是商品设备的制造商，或是大额融资的提供者，他们都有足够实力成为“一带一路”沿线国家投资项目和经贸活动的合作者。

第三，华侨华人是“一带一路”民心相通的良好促进者。目前“一带一路”建设大多是政府之间的合作项目，促进“民心相通”、增强民意基础成为“一带一路”建设可持续发展的关键因素之一。华侨华人是当地社会的组成部分，熟悉当地民情，本身又常被视为中国的形象代表，如果由他们向当地民众传导中国声音，又及时将当地民众呼声反馈给中国，可收到事半功倍之效。

第三章　2017年海外侨情概况[①]

美国侨情简述

美国至少自20世纪60年代以来就是最主要的国际移民接纳国之一。据联合国《2017年国际移民报告》显示，当前美国境内居住着4980万国际移民，占全球国际移民总数的19%，位居世界第一位。换句话说，世界上五分之一的国际移民居住在美国。尽管移民历史悠久，但对于移民究竟是资源还是挑战，美国国内的看法一直摇摆不定。从2016年美国大选到2017年特朗普政府采取的重大移民行动，移民问题在美国的政治和公共辩论中进一步凸显，移民治理与美国经济和全球竞争力、国家安全等的联系似乎比以往更为密切。就在2017年年底，美国还出于国家利益考量，退出了联合国的《全球移民契约》这一旨在改善移民和难民境况的协定。

2017年对美国华人而言可谓喜忧参半。这一年的美国侨情主要有以下三个较为明显的特点：一是美国收紧移民政策，引起华人诸多担忧；二是在参政方面，虽然华人政

① 本章内容由中国华侨华人研究所提供。

治弱势地位未发生明显改变，但华人政治参与势头强劲；三是留学生方面，中国留美学生人数突破35万，创历史新高，但同时，留学生安全也成为一个突出问题。

一、华侨华人在美国：基本数据[①]

（一）美国华裔人口约500万，成第二大少数族裔

据美国移民政策研究所（简称MPI）2017年9月发布的相关报告称，2016年中国是美国第二大移民来源国（该年度从中国移民美国的人数为16万），仅次于印度；从移民总数上看，居住在美国的华人移民共230万，是继墨西哥人和印度人之后的美国第三大移民群体；从族裔人数看，美国华裔人口约500万，是亚裔中最大的族群，也是仅次于墨西哥裔的第二大少数族裔。

（二）华人移民近六成来自中国大陆

据“2016年全美社区调查（简称ACS）报告的数据，在美国的华人移民中，来自中国大陆的占59.5%，即，美国华裔移民每5个人中就有3个来自中国大陆；来自中国台湾的移民占15.9%；来自东南亚各国的中国血统移民占15.3%；来自中国香港的移民占9.4%。

① 本部分数据主要来自联合国2017年12月发布的《2017年国际移民报告》、美国国际教育协会2017年11月发布的《2017美国门户开放报告》、美国移民政策研究中心2018年2月发布的报告《美国的华人移民》，以及美国人口普查局2017年5月发布的数据。关于美国华人移民数量，各机构发布的数字之间存在一定差距。

（三）中国留美学生人数逾 35 万，创历史新高

据美国规模最大的留学生研究机构“美国国际教育协会”2017 年发布的年度报告显示，2016 学年，美国各大专院校秋季入学新生数量比往年减少了 1 万人，为过去 12 年来同类数据首次下跌；但中国留学生数量反而增加了约 2.2 万人，整体增至逾 35 万人，创历史新高，遥遥领先排名第二的印度（18.6 万人）。

（四）五成中国移民从事管理、商业等职业

据 MPI 的报告称，在职业方面，约 51% 的中国移民从事管理、商业、科学和艺术职业；22% 从事服务类职业，17% 从事销售和办公室文员职业。

（五）六成华人移民英语水平有限

据 MPI 报告显示，和出生在他国的移民相比较，华人移民不太精通英语的人数比例较高，而且在家中不说英语的人也甚多。2016 年，5 岁以上来自中国的移民中有 61% 英语水平有限，约 10% 的华人移民在家中只说英语，而整个移民群体在家说英语的百分比是 16%。

（六）七成华人出生在美国以外

据 MPI 报告称，华人中 70.6% 在美国以外出生，29.4% 在美国出生。而在美国出生的华人中，88.3% 集中在美国的 15 个州出生，但最多是在加州和纽约州，共占 53.8%。

（七）过半数华人移民已归化成为美国公民

据 MPI 报告称，2016 年，51% 的华人移民已归化为美国公民，相较之下，出生在他国的移民归化入籍的比例为49%。

（八）华人移民教育程度高于其他族裔

据MPI报告称，和出生在他国的移民及美国本土出生的人相比较，华人移民受教育程度更高。2016年，25岁以上的华人移民中，近50%拥有学士或更高的学位，而相比之下，美国本土出生的人中这一比例为32%。MPI认为，这与中国移民在美国获得合法身份的渠道有关。1965年后，中国移民来美国主要有两种渠道：留学和H—1B高技术临时工作签证。

（九）华人家庭收入中位数约7万美元，贫困率达15.5%

据美国人口普查局的数据显示，美国华人家庭收入中位数约7万美元，稍低于亚裔整体7.62万美元的中位数。美国白人家庭收入中位数是5.96万美元。印度裔家庭收入中位数最高，达10.38万美元。值得注意的是，华人人口贫困率达15.5%，稍高于美国平均水平。

二、美国收紧移民政策，引在美华人担忧

历任美国总统在执政期间，都试图在各个方面进行大刀阔斧的改革，如小布什推出新的政府改革方案、奥巴马提出医疗改革，而今特朗普的改革重点之一就是移民政策。

2017年，特朗普提倡“积极促进和使用美国制造的

商品，保证雇佣美国劳动力来工作”，力争实现其“美国优先”的承诺。其紧缩移民政策的大刀不仅砍向“非法移民”，连“合法移民”也不放过，包括亲属移民在内的绿卡发放也被喊“卡”。在移民问题上，特朗普实施了不少大动作，如，实行旅行禁令、废除童年入境者暂缓遣返（DACA）项目、推动修建美墨边境墙、加强边境执法、反对庇护城市、提出“择优移民”、收紧H-1B项目、严格审核签证申请等。虽然不少移民政策最终能否通过取决于多重因素，但特朗普挥舞的砍刀已经让包括华人在内的很多合法移民开始担忧。

三、华人积极参政，势头良好

2017年，美国华人的政治参与主要分为以下几种路径：一是华人精英作为关键少数直接参与到美国的政治生活中。如，赵小兰被特朗普任命为交通部部长，马静仪、陈本恩等人积极竞选州众议员等。二是华人社团作为政治动员平台积极鼓励华人提高参政意识和参政能力，从而有利于为华人争取更多的权益。

近年来，如美国亚裔80/20促进会、亚美协会、纽约美国华裔选民协会等政治性团体正在崛起，他们在促进华人政治参与方面起到一定的作用。2017年，美国加州中华会馆和美国亚洲人商会就力挺江俊辉竞选加州“首位亚裔州长”。三是华人的非选举性政治参与更为积极。2017年，美国华人在反对大麻合法化、教育平权等许多问题上，都展现出维护族裔形象、族裔权益的姿态。

2017 年北美各地种族主义似有抬头倾向，美国各地零星的因对华人的种族歧视引发摩擦和冲突的事件不时见诸报端。在白人至上者和反对者的冲突引起暴乱的同时，针对华人的种族歧视事件也层出不穷。如，有人在公共场合对华裔老人大声辱骂，称“我恨中国人”，以及餐馆开出写有“ching chong”这一歧视字眼的收据，等等。不过令人欣慰的是，从“我恨中国人”事件后积极维权的王老先生，在地铁上用多种语言批评种族歧视者的华裔姑娘，到在收到“中国人滚出美国”的威胁后仍坚持参选并反击的北卡及新泽西参选人，我们看到，对于这种歧视，华人已经不再沉默，更多的人选择了反抗。

四、留美学生人数创新高，留学生安全引关注

美国是全球最大的留学目的地国，目前，美国约 2000 万名大学生中有 7% 来自国外。数据显示，仅 2015 年外国留学生就为美国带来了 350 亿美元的收入。目前在美国的 140 万留学生中，77% 来自亚洲国家，中国和印度是美国海外留学生的最大来源地。据相关报告称，截至 2016 年，在美国的中国留学生数量已经超过 35 万人。虽然特朗普上任后，持续以国家安全为由收紧移民政策，数量庞大的留学生群体受到冲击，但美国依然是中国学生申请留学目标的首选国家。

2017 年，在美国的中国留学生群体中发生了很多不幸

事件。其中，章莹颖事件尤其引发了公众对留学安全话题的关注。加强留学人员安全教育，提升自我保护意识成为共识。

加拿大侨情简述

近年来，中国和加拿大两国在政治、经济和文化领域的交流与合作十分频繁，取得了一定的突破。2017 年，特鲁多总理就任后连续第二年访华，达成多项合作计划，并为 2018 中加旅游年揭幕。加拿大在中国新设 7 个签证申请中心，并实施了多项针对中国人的便利措施。安大略省议会投票通过有关“设立南京大屠杀纪念日”的动议，使安省成为西方国家中首个省议会通过这项动议的地区。2017 年还是加拿大建国 150 周年。自 1788 年第一批中国人登陆加拿大开始，经过两百多年的发展，华人早已成为加拿大多元社会的重要组成部分。

一、华侨华人数量

据估计，2017 年加拿大的华裔人口或达 180 万，大多伦多地区是加拿大华侨华人最多的地区，数量已达到 70 多万人。

（一）中国是加拿大第三大移民来源国

中国在“加拿大最大移民来源国排行榜”上长期以来一直保持前三的位置。当前，中国是继菲律宾、印度之后，加拿大的第三大移民来源国。近年来，加拿大政府为应对人口老龄化、推动经济增长，不断加大接受海外移民的数量，对移民的限制也同步逐渐放宽。2017 年，加拿大移民配额数量从 2016 年的 26 万增加到 30 万。2017 年第一季度，7770 名中国人以永久居民身份登陆加拿大，比去年同期上涨了 85%。

（二）赴加中国公民数量增长明显

2015 年，中加达成协议，双方互发有效期最长 10 年的多次往返签证，极大地促进了双方人员的交流往来，中国公民赴加学习、旅游，以及申请移民的人数也逐渐增多。据 2017 年 11 月加拿大移民部公布的最新数据显示，旅游、留学是中国公民前往加拿大的主要原因。2015 年持各类临时签证赴加的中国人数为 44.6 万人，2016 年为 50.1 万人，而 2017 年 1 到 8 月份就已达 42.2 万人，其中持临时居住签证的人数达 38.6 万人。持学习签证的中国留学生人数也逐年增加，2015 年为 3.1 万人，2016 年增至 3.2 万人，2017 年 1 到 8 月已达 2.8 万人。加拿大的所有短期签证申请中，有 1/4 是由中国公民所提出。目前，中国是加拿大过夜旅游游客的第三大来源国家。

2016 年，中国国务院总理李克强和加拿大总理特鲁多宣布，将 2018 年设为“中加旅游年”，同意就促进双向游客往来扩大合作。为迎接 2018 中加旅游年，加拿大政府在 2017 年出台了多项针对中国公民的签证便利措施，如允许中国 60 岁以上的签证申请者更快拿到签证；允许大陆申请

者用银联支付签证申请费，并配有中文说明等。加拿大在中国新增的 7 个签证中心已经陆续全面投入启用，这 7 个签证中心分别在南京、成都、杭州、济南、昆明、沈阳和武汉，至此，加拿大已经在中国开设了 12 个签证中心。可以预见的是，2018 中加旅游年的举办将催动更多中国人前往加拿大，极大地促进两国之间的经济文化等全方位的交流和发展。

（三）中国留学生数量居加国首位

加拿大政府近年来一直扩大接收留学生的数量，希望这些留学生转移民的数量能够超过经济类移民的一半。据称，加拿大在未来三年将会吸引 30 万留学生成为移民。加拿大移民部统计显示，中国留学生数量在加拿大所有外国学生中排第 1 位。平均每年有 1/3 的外国留学生来自中国，每年新增中国留学生数量达到 3 万人。同时，中国短期交换学生的人数也在迅速增加，2016 年有 18,138 名交换生或短期暑期学生提交申请，较前一年增加 29%。北京签证办事处已经成为加拿大在全球处理签证数量最多的签证点，主要处理的申请项目是学生签证。中国留学生在加平均消费每人每年 3 万加元，除了个人消费，还有带动相应的附带旅游消费。据统计，中国留学生每年为加拿大经济带来数十亿加元的贡献。

二、华侨华人与当地社会

以华人远渡重洋至加拿大的历史轨迹来看，从早期的铁路华工、淘金客，到后来的跨洋亲人团聚、留学生潮，到近期的技术移民、企业家和投资移民，百年来，一大批华人移民在加拿大安家立业、调适融入。如今，加拿大华侨华人在社会各界崭露头角，为加拿大政治、经济和多元文化做出许多贡献，影响力日增，他们的社会地位也进一步提升。2017 年，在华侨华人与当地社会的关系方面，有以下突破。

（一）温哥华市议会全票通过就排华史道歉

近年，加拿大政府持续为华人"正名"，显示主流社会开始反思历史，重视华人贡献。2006 年 6 月，哈珀政府就历史上向华人征收"人头税"问题在国会正式道歉；2014 年 5 月，加拿大不列颠哥伦比亚省议会通过历史性议案，就一百多年前该省歧视华人及反华排华的法令条例向华人社区正式道歉。

温哥华市议会于 2014 年通过动议，研究该市 1886 年至 1947 年间实施的涉嫌歧视华人的政策。2017 年，研究报告出炉，题为《从排华到平等公民权利：检视早期华裔居民所受温哥华市歧视政策》。报告通过搜集史料，证实温哥华市过往曾经存在若干歧视华人的政策。该报告还提出 12 项建议，重点包括：市政府应就过往歧视史向华裔社区正式道歉，支持温哥华唐人街申请纳入世界文化遗产等。报告获市议会一致通过，预计将于 2018 年 4 月举行道歉仪式。道歉将以当年华侨最广泛使用的台山话读出，也将录制多版本，连同英文、繁简体中文文字版本，并在温哥华

市府网站公布，作为历史资料保存。

加拿大不断就排华历史道歉的背后，是中国的快速发展和日益强大，以及一代代华侨华人靠着艰辛打拼赢得了当地主流社会的尊重。

（二）在加华人积极参政议政，推动设立“南京大屠杀纪念日”

加拿大华侨华人社会持续壮大，积极参政议政，维护自身权益，华侨华人社团非常活跃，在各方面发挥了积极作用。2017 年，在华人参政议政方面，最为引人注目的事件就是 10 月 26 日，加拿大安大略省议会通过了议员黄素梅提出的，将每年 12 月 13 日设立为“南京大屠杀纪念日”的动议，从而使安大略省成为西方国家中首个省议会通过这项动议的地区。安大略省省议会在“南京大屠杀”80 周年纪念日来临之际首次在官方场合举行南京大屠杀纪念活动。此外，在大多伦多地区华人最为集中的万锦市，市议会于 12 月 12 日通过动议，将 12 月 13 日设立为该市的南京大屠杀纪念日。在推动安大略省议会设立“南京大屠杀纪念日”之后，黄素梅等其他有识之士还有更远大的追求，那就是推动加拿大国会立法，使“南京大屠杀纪念日”成为加拿大国家纪念日，开西方国家之先河。

此外，在加华人还积极参与加拿大其他各项政治议题，如反对“推进大麻合法化”等。

三、华侨华人文化教育

（一）中国移民教育情况出色

2017 年，加拿大移民部的一份内部报告指出，在加拿大少数裔当中，中国及印度移民第二代的教育最为出色，中国移民第二代的就业表现最好。该报告显示，从重视教育的国家，如中国和印度引进移民，是加拿大移民制度较欧洲国家更为成功的原因。虽然移民第一代的收入远不如本地人，而且差距极大，但移民子女的平均收入已与本土加拿大人子女相差无几，甚至超越本地人的子女。报告称，在多数西方国家，特别是欧洲，看不到如此明显的移民成果。

（二）华裔移民盼子女传承祖辈文化

在加拿大的华裔群体中，不少第 3、4 代的移民青少年不能讲祖父母辈的母语。近年来，一些华裔移民希望子女学习中文，了解祖辈的文化。2017 年，温哥华地区出现了不少教授广东话的辅导班，让那些在家中没有机会接触广东话的学生，学习简单的日常用语。

越南、柬埔寨、老挝、缅甸、印尼侨情简述

2017 年，越南总人口数为 95,541,000 人，华族占 1.13%，华人人数约为 110 万人。约 90% 的华侨华人居于越南南部

地带，尤其以胡志明市最为集中，超过 50 万人。

2017 年，柬埔寨总人口约 16,005,000 人，华侨华人约为 90 多万人，约占全国总人口的 6%。近 5 年来，来自中国大陆的新移民增长了近 10 万人，并在持续增多。

老挝目前有中国大陆人 20 至 30 万，主要来自湖南、四川、重庆等省份，湖南人在老挝异军突起，约有 10 万湖南人在老挝从商。

20 世纪 90 年代以来，旅缅中国大陆新移民达 100 万之巨。新移民壮大了缅华社会的力量，华侨华人占缅甸人口的比例从二战后的 2.3%（1947 年）上升到 4.36%（2011 年），总人口超过 250 万。

印尼的华侨华人确切总数难以统计，但根据不同计算方式，人数应介于 800 万至 2000 万之间，占印尼总人口的 3% 至 8%。自从中国实行改革开放政策以来，中国大陆的新移民大量进入印尼，雅加达等部分地区开始形成中国大陆新移民的新聚集地。

一、老侨团发展的特点

这五国传统的华侨华人社团因共同的历史遭遇而在“再出发”的道路上呈现出以下共同的发展特点：

（一）老侨团的恢复重建过程均从两个层面展开

在组织层面，资金、人才和制度是制约侨团发展的瓶颈，战时失散的乡亲逐步聚拢，自发筹集经费，制定社团章程。在活动层面，学校复课、重整义地、重建宫庙，是五国侨团在恢复重建初期的三大主要任务。在这五国中，有的老侨团已经完成重建，而有的老侨团仍在恢复过程中。

（二）商会型社团兴起，在老侨团开展的活动中经济方面的比例日益增大

越南、柬埔寨、老挝新近都成立了隶属于当地中国商会的商会组织，江门、潮州等地域性商会正在柬埔寨等国筹建中。广东工商总会已是缅甸华社最重要的社团之一，开展经贸交流合作也是印尼老侨团新的活动重点，柬埔寨柬华理事总会 2017 年特别增设“商贸促进处”和“法律咨询处”两个机构，以便更直接地为在柬华人、华侨提供最新的商业投资信息和政策、法律法规方面的咨询服务。

（三）新老侨团的融合是五国侨团的共同命题

融合模式主要有三种：一是侨团领导层之间互相交叉，如聘任其他社团会长为本会名誉会长等职；二是联合举办全国性的大型活动，如印尼客属联谊总会发起全国性的献血活动，其他侨团也同步开展；2017 年，新一届的柬华理事总会先后主办了洪森总理与华人华侨团结饭盛宴、柬华理事总会与市场商贩友谊饭盛宴、护国祈福冥阳两利水陆大法会、世界柬埔寨华人联谊会四次独具特色的大型活动，扩大了总会在柬埔寨国内及在海外柬埔寨华人移民中的影响力；三是共同发起成立超越性的社团，例如，柬埔寨三大社团共同组成新的、超越于三者的组织；印尼广东社团联合总会由 9 个侨团组成，分别是印尼广肇总会、潮州乡亲公会、梅州会馆、客属联谊总会、大埔同乡会、海南联

谊会、蕉岭同乡会、惠州同乡会、勿里洞同乡联谊会，该会是海外首个由广肇、客属、潮州社团联合组成的广东社团联合体。

（四）重视青年工作，为侨团培养后备力量

2017年，柬华理事总会成立青年团，并计划设立一个资金规模为2千万美元的“柬华青年创业基金”，协助柬华青年创业。在缅甸广东工商总会侨领们的大力推动和资助下，“青年会”的成立于2017年提上日程，广东工商总会特别拨款1000万缅元，用于帮助和支持青年会的组建和初期发展。印尼客联总会自2013年起已经举办了三届青年会议，旨在建立全印尼客属青年之间的友好交往，制定全国客属青年团体工作计划，培养客属社团接班人，使青年们更好地了解和传承传统文化美德，积极为国家建设发挥作用。

（五）跟中国联系紧密，并日益走向国际

五国的华侨华人跟祖（籍）国中国保持着密切联系，老一辈侨胞除回中国寻根问祖外，经贸合作是新时代的新内容，成为祖籍国与住在国之间经济交往的桥梁。参加相关社团的国际联谊，助推了这五国中一些新侨团的恢复或成立，如参加国际潮联大会是柬埔寨潮州会馆成立的重要推力，申办国际潮团联谊会也是印尼潮州总会成立的契机。国际潮团联谊会、世界越柬寮华人团体联合会、世界江门青年大会、世界大埔同乡联谊会、世界惠州同乡恳亲大会、世界客属恳亲大会、世界广东同乡联谊大会、世界广府人恳亲大会等国际性联谊活动近年来开展得如火如荼。随着这五国侨团的恢复重建，华侨华人实力的增强，他们积极组团走出去参会，也作为东道主，把世界其他国家的乡亲请进来，通过这些联谊的平台，进一步加强合作，构建全球化网络。

二、新移民面临的问题

中国已是越南最大的进口国，占其进口总额的三分之一，中国也是越南第四大出口大国。赴越南投资在 2000 年前后成为众多中国企业的热门选择。2008 年国际金融危机爆发，在此国际背景之下，越南陆续出台了一系列的对外资优惠政策，加之该国劳动力成本低廉等因素，吸引了越来越多的中国企业赴越南投资。近年来，中柬双方的经贸合作发展迅速，截至 2017 年 10 月，中国累计对柬埔寨协议投资 125.7 亿美元，占柬埔寨吸引外资总额的 36.4%，是柬埔寨最大的外资来源国。中国还是柬埔寨第一大贸易伙伴、第一大经济援助国、第一大游客来源国，为柬埔寨创造了 62 万个直接就业机会。华商资本在缅甸经济中的角色愈加重要，在缅甸全国私营企业中，华商企业已占据总数的三分之二以上。印尼华人人口比重很小，但经济实力举足轻重，印尼 300 家最有价值的私有公司中，大约有七成是由华人控制。

随着中国“一带一路”建设的发展，去往上述五国的中国大陆投资者和新移民越来越多，他们投资兴业的势头

越来越猛，但同时也出现了一些共同的问题。

（一）有的企业缺乏长远考虑，自相恶性竞争

去往上述五国投资的企业越来越多，虽然有不少中资央企，但更多的是民营企业。这些民营企业主要考虑的是降低成本，谋求生存，获取最大利润。有的民营企业缺乏长期创造和维护品牌的意识，为了抢夺客户，不惜压低产品价格，甚至为了保本或赚取更多利润而造假，给当地人留下了中国产品价格低但质量差的印象，对提高中国产品的形象十分不利。例如，曾经在越南兴盛一时的中国摩托车产业因为恶性竞争而衰落，现在中国的电动车企业又一窝蜂似的来到越南，已经多达几十家，再次形成恶性竞争。有的中国企业在当地招募工人时也形成恶性竞争，工人因此不断跳槽，工人工资成本日益提高。

（二）有的企业对当地民俗民风不了解，造成经营困难

有的中国企业不了解上述一些国家的工人不愿意出远门打工的习惯，因此在当地招不到足够的工人，遇到用工短缺的问题。在有的国家，工人们没有储蓄的习惯，往往在领到整月工资后，第二天便不再来上班，等到将所领工资花完才又开始重新打工。中国企业按月发工资的惯例不适应当地的这一习俗。上述五国中，当地民众信奉宗教的比例非常高，有的中国企业在当地进行地产开发、水电站建设等工程时，忽略了民众的宗教信仰和感情，由此引发一些矛盾，甚至遭到当地民众的游行抗议。例如，近几年来中资企业投资缅甸的几个重大工程都受到阻碍，密松水

电站和莱比塘铜矿项目因当地民众的抗议而被迫停工，缺乏对当地政经文教情况的了解和与民众的沟通，是项目遭受阻碍的重要原因之一。

（三）有的企业和人员不知法、不守法

在上述五国中，中国企业和人员最大的问题是缺乏暂住证和劳工证。很多中资企业缺乏法制观念，有的员工持旅游签证到当地工作，因此被罚款或驱逐。据统计，在柬埔寨务工的 10 万名中国劳工中，多达 6.6 万人没有劳工证，柬埔寨 2018 年初开始严查劳工证，内政部如果调查发现有公司企业聘请没有劳工证的外籍员工，雇主将承担法律责任。

三、未来发展趋势

上述五国华侨华人因其所在国的差异，未来的发展趋势各有侧重。

1987 年，为了加强对华人的工作，越共中央民运部设立了华人工作委员会，在省、市级设立了华人工作处，在郡、坊级设立了华人工作组，专门负责华人事务。在越南各少数民族中，华人是唯一有类似政府机构来负责管理的民族。更好地融入越南社会，加强与本地中国大陆新移民的联系及与祖（籍）国中国的交往，是越南华侨华人发展的方向之一。

商业转型是现今柬埔寨华社正在经历的变革，也是未来的发展趋向。使全柬华人的最高领导机构柬华理事总会

成为中柬之间商务合作的重要媒介，并在此过程中实现自身的“造血”功能，从而更好地支持华文教育、青年工作等，是新一届理事会领导层着眼的新目标。

老挝中华总商会是老挝第一个全国性的社团组织，它以华商为主，并且成员多是中国大陆新移民。走向统一和联合，是老挝华社发展的趋势。

近二十年来，缅甸华社的自我治理水平有了一定的提高。有意识地改善社团运作的透明度和民主化，顺应时代发展，整合组织，打破意识形态分歧、地域界限，让已经不同程度缅化的华人尤其是青年人在华人社团中找到自己的兴趣点和利益链接点，是缅甸各个侨团正在努力的方向。

“以商养会”也是印尼华社发展的新思路。当今华社事务繁多且杂，所涉及的深度和广度，已不能单独由某一个组织应对，必须要由一个联合的组织来承受，群策群力，才能有效地运作推进。社团联合体的出现，既是适应时代的转型，也是华社发展新趋势的体现。

新加坡、马来西亚、泰国、菲律宾侨情简述

新加坡是除中国之外，世界上第二个以华人为主体民族的国家。华人是新加坡最大的族群，约占总人口的75%。据新加坡《2016年人口简报》显示，2016年6月，新加坡总人口达560.73万人。自2012年以来，新加坡总人口增

长率逐年下滑，从2.5%跌至2015年的1.2%。2015年有2.0815万名新移民入籍新加坡。旅居海外的新加坡侨民人数连续7年增加，截至2016年6月达21.34万人。

截至2017年9月30日，马来西亚人口为3215.41万人，比2016年同期增长1.3%。从2013年到2014年，马来西亚总生育率维持在2.0；华裔和印裔却只有1.4，其他族群则是0.9，远逊于马来族的2.6。自1957年马来西亚独立以来，华裔人口比率不断降低，从当时占半岛总人口的38%下降到2016年的23.4%。2016年华裔总人口约为664.6万人，2017年更是下降到半岛人口的23.2%。

泰国2016年总人口约为6886万人，在泰华人约有900万，占全国人口的14%，是泰人之外最大的族群。华人主要居住在曼谷和中部地区。泰国华人同化程度非常高，20世纪之前移居泰国的华人和华泰混血，大多已经完全融入当地社会，不被计算在华人人口之中。

菲律宾2016年人口1.03亿，菲律宾华人约为200万人，占全国人口的2%，遍布全菲各地。宿务华侨已有600多年历史，现有侨胞20多万人，约占当地总人口的10%。菲律宾华人先祖大多来自福建闽南（泉州、漳州、厦门），其中又以泉州为最。该国90%以上的小商品批发商都是福建人，他们大多从事汽配、钢筋、水泥等项目。菲律宾侨团历史悠久且数量很多，现有大小侨团3000余个，众多侨团之间总体和谐，近年来没有出现过打架等。改革开放后，中国大陆有一些新移民进入菲律宾。

一、总体特征：华人族群认同强化，焕发新的活力

新马泰菲是传统的华人移民国家，中国人移居历史悠久，不少人落地生根，形成侨民社会。二战前后，随着这些国家逐渐摆脱殖民统治取得独立（泰国除外），它们对新中国采取敌视态度，对华侨采取民族主义的侨民归化政策，进行利用、限制和归化。政治上加速华侨国籍归化，经济上实行国民化或国有化，教育上实施强迫性的国民教育法令。在此背景下，华侨社会转化为华人社会，华侨教育转变为华文教育，华人族群认同式微。随着20世纪70年代末中国改革开放的进行，特别是近年来“一带一路”倡议的实施和中国国力的提升，中国和东南亚各国关系更加密切，华人族群认同焕发出新的活力。对华族群体而言，掌握中文、会讲汉语、庆祝春节，以及为孩子取中文名字等，是族群认同感最重要的体现。新加坡耗资11000万元兴建新加坡华族文化中心，以新颖的呈现方式吸引更多人接触新加坡华族文化。马来西亚二十四节令鼓表演，从南到北，跨海东西，大马地区无不鼓声雷动，泰国国家旅游局支持泰国华人举办“泰式中国年 鸡年迎新春”庆祝活动。中国文学、书法、中医药、太极拳等在上述各国得到了广泛传播。与此同时，华文教育发展也迎来新的历史机遇，被赋予新的时代内涵。

二、各界人士接受、认同、支持、参与“一带一路”

从新加坡政界、商界及学界的总体态度和行动来看，新加坡不仅是“一带一路”倡议的积极支持者，更是深度的参与者与协助者。2017 年 9 月李显龙总理表示，“一带一路”倡议能够使中国积极地与周边国家、贸易伙伴国和欧洲、亚洲甚至非洲国家连接起来，加强彼此间的密切合作，深化基础设施、贸易、旅游等方面的互惠互利，可以积极促进其他国家的繁荣发展，对于整个国际体系有正面影响。中新双方可以加强基础设施的互联互通，金融方面的合作及人才培训活动等。新加坡外交部长维文也表示，“一带一路”倡议将深化中国与中亚、欧洲、东南亚、南亚等地区之间的联系，为各国带来历史性机遇。

马来西亚从官方到民间，对“一带一路”热情高涨，总理纳吉高度评价“一带一路”建设，认为马方将从中受益无穷。在马来西亚 2017—2018 年的经济报告中，“一带一路建设将为马来西亚经济带来巨大商机”被写入其中。2016 年 12 月，46 个位于马来西亚的华人协会在吉隆坡马华公会签署了由马华公会发起的“一带一路”宣言，表达了他们对中国这一宏伟战略的支持。

2017 年 5 月，泰国总理巴育在每周电视讲话中称，泰国是“一带一路”沿线国家，通过“一带一路”同世界上各大市场联通起来，希望大家关注并共同支持该倡议落实。

同“一带一路”对接符合泰国希望加强地区互联互通、将泰国打造成地区中心的愿望。泰国华商会表示，“一带一路”倡议给泰国带来巨大的发展机遇，随着这一倡议的不断推进实施，泰中两国关系将更加紧密，“亲上加亲”。

菲律宾总统杜特尔特2017年5月表示，中国通过“一带一路”倡议真心实意地帮助各国发展。“一带一路”倡议将拓宽菲中经贸交往，造福菲律宾人民。杜特尔特认为，中国的投资帮助东盟国家发展经济并改善民生，有助于形成一个稳定的“亚洲共同体”。菲律宾华商也表示，菲中两国民间交流相对频繁。“一带一路”倡议将为两国商界提供新的交流平台，促进贸易往来。“一带一路”建设提供的机遇，不仅局限于商业，还广泛蕴含在金融、文化、电子商务等更多领域。

三、华文教育驶入“快车道”借“一带一路”腾飞

随着中国国力的不断提高，华文价值凸显，新马泰菲各国，出于政治、经济、文化等各种原因，很重视华文教育的发展。“一带一路”倡议的实施，更是推动新马泰菲各国华文教育飞速发展。

新加坡1965年建国后，多年来实行双语政策，导致国民华文水平普遍下降。就连官方机构的中文水平也“不敢恭维”，错别字频现。孩子学双语有“心”无“力”。为了改善这种境况，近年来，新加坡政府和社会团体，采取积

极措施，促进华文教育发展。2017年9月，新加坡报业控股华文媒体集团与新加坡华文教研中心签署战略伙伴关系协议，以结合双方优势，进一步提升本地双语环境中的华文教学素质，继续推动华族语言文化的传承。2017年11月，新加坡华文教研中心举办华文应用编程比赛，从中发掘华文的趣味性和实用性。

马来西亚是除中国大陆、台湾、港澳地区以外唯一拥有小学、中学、大专完整华文教育体系的国家。马政府对华文教育采取限制政策，长期致力于使马来语成为唯一教学媒介语的努力，对华文母语教学产生重大冲击。长期以来，马政府不承认独中的文凭，初、高中毕业生必须再参加政府同等的水平考试，才能获得政府承认的相关文凭，进入高中或大学。马来西亚华文学校面临师资缺乏、经费不足、生源减少等困境。随着中国经济的快速发展和国际地位的不断提高，汉语在全球已成为一种强势语言，马政府对华文教育态度也有所好转。2017年年初，大马教育部副部长张盛闻指出，将派遣师资，解决华小师资短缺问题，马来西亚华文小学将可获全额拨款。11月，马来西亚副总理阿末扎希强调，总理纳吉布宣布增建华文小学，增加华小的拨款。

在泰国和菲律宾，华人与当地居民关系融洽，华文教育得到了大力发展。泰国在20世纪90年代对华文教育松绑后，逐渐加大了扶持力度。泰国教育部决定将中文列为第一外语，将汉语纳入泰国200所中小学课程，使中文与

英文平起平坐。中国政府大力支持泰国华文教育，每年资助千名泰国汉语教师赴华培训，并向百名泰国汉语教师提供赴华留学奖学金。华文学习已经成为中泰双方进行交流的重要纽带。菲律宾方面，近20年来，在中国汉办、侨办及菲律宾华人华侨的支持下，170多所华文学校遍布菲律宾，菲律宾华文教育进入振兴发展时期。此外，华校多年来开门办学，接纳原住民和其他友族的后裔也来华校上学，接受华文教育，把华文和中华文化推向主流社会和其他族群。

四、华人社团发挥重要作用，新老社团与时俱进

作为侨社三宝之一的华人社团，在新马泰菲华人社会中依然发挥着重要作用。一些传统社团补充新鲜血液，顺利实现新老更替，新成立的社团也与时俱进，并与传统社团保持良好关系。在新加坡，黄山忠成为中华总商会新一任会长，共有九名新董事加入。新董事来自媒体、零售、投资、资讯通信、建筑、海事和医疗保健等领域。总商会也宣布成立青年商务委员会，栽培青年华商成为商会接班人。潮州八邑会馆推举原副会长蔡纪典为会长，新任副会长共有八名。2017年3月，新加坡江苏会成立，吸引了400多名会员。在马来西亚，成立于1949年的马来西亚华人公会，目前已有110万党员。马华公会近年来积极展开党的改革转型，如建立中央党校，打造“知识型政党”形象等。成立于1910年的泰国中华总商会，是泰华社会最具

实力和影响力的社团之一。该社团在推动中泰友好、凝聚泰华各界力量维护权益等方面成就卓著，受到泰国皇室的器重和泰中两国政府的高度重视。成立于 1977 年的菲律宾菲华各界联合会，广泛团结华社力量，在积极融入当地主流社会的同时，不失时机增进中菲两国人民的相互了解，堪称促进中菲友好的典范。

五、未来发展趋势：前景看好

华人移民新马泰菲历史悠久，在这几个国家长期落地生根，民族关系相对融洽。在新加坡，华人是主体民族，随着中国国际地位的提高，新加坡政府越来越重视华人的语言及文化认同等，华人族群认同趋于强化，中新两国将面临更大的合作机遇。在马来西亚，华人是第二大族群，长期以来为争取族群权利进行了不懈斗争，近年来，随着政府族群政策的改善，独立中学、小学等的发展困境得到了很大改善。泰国华人和菲律宾华人与当地族群关系融洽，他们在弘扬中医药、发展华文教育、传承中华文化等方面发挥了积极的作用。随着“一带一路”的推进，新马泰菲与中国的联系将进一步加强，中国出游新马泰菲的游客逐年增多，华人在中外交往中的贡献将更为突出，这也将提升他们在各国的政治经济文化地位，同时，也将会更加强化他们对于传统族群文化的认同。

澳大利亚侨情简述

澳大利亚是英联邦内的独立国家，领土面积769万平方公里，分为昆士兰州、新南威尔士州、维多利亚州、南澳大利亚州、塔斯马尼亚和西澳大利亚州六个州。截至2016年12月31日，澳大利亚人口总数为2440万，其中亚洲移民占39.7%，欧洲移民占33.9%。澳大利亚人口高度都市化，近一半国民居住在悉尼和墨尔本两大城市。华人在澳大利亚超过120万人，华人新移民是澳大利亚最主要的移民来源。近年来，中国对澳大利亚投资增速快。2017年，澳大利亚政府在入籍政策、移民政策、留学政策、移民福利等方面都进行了很大的调整，其中，移民政策收紧是其重要特征。

一、华人人口总数为121.39万，是澳最主要的新移民来源

在2016年的人口普查中，澳大利亚华人人口约为121.39万，占总人口的3.9%。海外出生的澳大利亚人，前五大来源国依次是英国907,570（3.9%）、新西兰518,466（2.2%）、中国509,555（2.2%）、印度455,389（1.9%）和菲律宾232,386（1.0%）。自2011年到2017年，有130万新移民到澳大利亚，其中，来自中国的新移民最多，为19.1万人，其次是印度，为16.3万人。

2016—2017年，澳大利亚发放的永久技术移民和家庭移民签证17.72万个，其中，印度移民最多，略高于20%，其次是中国移民，约占15.4%（27,288人）。自2012年推出投资移民政策以来，共有1686名海外投资者拿到重大投资者签证，同时，他们的3856名家庭成员也凭借相关子类签证到澳大利亚生活。重大投资移民签证近90%的签证申请人来自中国大陆（他们需要投资至少500万澳元才能获得澳大利亚居留权），其次为中国香港、马来西亚、南非和越南。

截至2017年6月30日，澳大利亚留学生的数量达443,798人。2017年，澳大利亚大学中国留学生超过10.8万人，给澳大利亚带来学费收入220亿美元。2017年，澳大利亚的非法居留者超过6.4万人，其中，超过6500名逾期居留者是中国人。

2017—2018年，澳大利亚移民总配额为19万人。其中，技术类移民配额为12.85万个，占68.9%，家庭类移民配额为5.74万个，占30.8%。移民配额清单显示，2017至2018财政年度，会计类的移民配额为4785人，审计类的移民配额增加至1327人。此外，2017至2018年，澳大利亚将吸纳超过9000名IT专业的移民，还将吸纳大量技工，包括1271名砌砖工、6968名木工、2780名油漆工、5507名水管工、9354名电工、2675名厨师等。

二、中国对澳大利亚投资增速快，金额高居第二

在全球投资澳大利亚的国家中，中国投资金额高居第二，仅次于美国。2007—2017年，中国投资累计达900亿美元。中国对澳大利亚房地产市场的投入资本，从2001年至2008年为5000万澳元，2009年至2016年为160亿澳元，翻了320倍。随着对澳大利亚农业资产和基础设施的需求增长，中国对澳大利亚的投资金额2016年飙升11.7%，达到154亿澳元（约合115亿美元）。据毕马威和悉尼大学在名为"揭秘中国在澳投资"的报告中显示，中国企业2016年在澳大利亚签订了创纪录的103宗交易，其中76%是中国私营企业。报告称，商业地产仍然是最大的投资领域，吸引了约36%的中国投资，其次是基础设施，比例达到28%的纪录新高。农业领域的投资自2015年增长两倍，超过12亿澳元。

三、澳收紧移民政策，华人受影响

2017年，澳大利亚对移民政策进行了修订，这些政策都在一定程度上影响到华人移民。不少华人表示，澳大利亚移民签证程序更为烦琐，审核也更为严格。

（一）新的临时技术短缺签证TSS签证出台

4月18日，澳大利亚特恩布尔政府宣布废除457临时技术移民签证项目。457签证是澳大利亚政府为澳洲企业从海外引进各类专业人士和技术人才而设立的一种临时工作签证，可办理457签证的工种多达400多个，包括各类经理、专业人才和技工等。签证有效期为3个月至4年不等，雇员在澳洲工作满2年后可以申请雇主担保移民。457签证对英语要求不高，对于英语水平不是很好的申请者而言，457签证一直被认为是进入澳大利亚工作的一条捷径。457签证于20世纪90年代开始实施，在过去20年里，每年获得457签证的人数最高超过12万。在457签证持有者中，印度人最多，占近25%，其次为英国人，占19.5%，第三位的是中国人，占5.8%。废除457签证后，澳大利亚政府宣布用新的临时技术短缺签证TSS签证作为替代。TSS签证有效期将分为2年和4年，涵盖的职业数量大为减少，更倾向于满足偏远地区的用人需求，集中在诸如医护人员、厨师等真正紧缺的职业，而且对申请者的英语能力和工作技能的要求都进一步提高。

（二）修订入籍政策和永居签证，永居满4年才能转公民

4月20日，澳大利亚总理特恩布尔发表声明，称修订入籍政策，确保移民者更好地理解澳大利亚价值观，更好地融入当地社会。新的澳大利亚入籍申请流程还有如下变化：1.实行更加严格的英语语言测试，包括听说读写；2.提供能够融入当地社会的证明，如工作经历、教育背景，或者社区组织的成员身份等；3.作为永久居民在澳大利亚连续居住至少4年；4.申请人只能申请三次，测试中作弊者将自动失去资格。

（三）修改雇主担保永居签证

11 月，澳大利亚移民局宣布对雇主担保永居签证，即 186 签证(ENS)和 187 签证(RSMS)的申请条件作出修改，新规从 2018 年 3 月开始实施。新规主要内容有：雇主担保移民中长期职业清单(MLTSSL)有所更新，列表上的职业被削减。186 及 187 签证的申请人年龄必须在 45 岁以下。186 签证、187 签证申请人需要满足临时居留技术移民的收入门槛(TSMIT，现为 53900 澳元)。457 签证持有人须为提名雇主工作的年限延长至三年。

（四）配偶移民、父母移民、和临时工作签证等变化

澳大利亚移民局宣布，从 2017 年 11 月 18 日起，配偶移民、父母移民、临时工作（国际关系类）签证的递交方式将有所变化。这三类签证的申请人将不再通过澳大利亚各地的移民部门办公室当面递交纸质申请。对于配偶移民签证（820、801、309、100 和 300 类别）及临时工作（国际关系类）签证（403 类别），所有申请必须通过移民局网站递交。父母移民签证（804、884、864、173、143 和 103）必须通过普通邮寄（post）或快递（courier）方式递交申请。所有的父母移民签证申请均须寄往澳大利亚珀斯。

（五）拟推新父母签证，支付 2 万澳元可居住 10 年

5 月 5 日，澳大利亚政府推出了一款新的父母签证，支付最高 2 万澳元的签证费可以在澳大利亚陪伴父母十年，每年有 1.5 万名额。但新签证永远不允许父母在澳定居，也不允许他们工作或享受福利。

新西兰侨情简述

新西兰位于太平洋西南部，是英联邦成员国之一，国土面积26.9万平方公里，全国总人口为464万（2015年11月）。其中，欧洲移民后裔占74%，毛利人占15%，亚裔占12%。华裔新西兰人是新西兰第五大族群。2017年新西兰全国约有20万华人。中国移民和留学生有70%居住在奥克兰。

2016年，新西兰净移民总量达70,600人，其中中国移民9900人。一年内，新西兰发放的工作签证数量达到4.58万个，学生签证数量为2.4万个。2017年，新西兰共发出了1.65万个永久居住签证，其中来自中国的移民数量最多，达到3300人。2017年新西兰的国际留学生人数达到13万人。中国留学生增长到人数上为3700人。研究显示，43%的中国学生选择毕业后在新西兰工作，有23%获得永久居留权。

新西兰作为一个新兴的移民国家，移民对社会经济、政治和文化的贡献，其重要性不言而喻。2017年，新西兰大选，华人的参政议政热情空前高涨，成为新西兰各政党都不能忽视的一股政治力量。2017年，新西兰在移民政策上收紧，虽然出台“南岛直通车”政策，重启了父母类移民，但技术移民标准提高，创业移民拒签率增高，削减学生签证，禁止外国非居民在新西兰买房。

一、新西兰华人积极参政，华人政治力量不可低估

新西兰每三年选举一次。2017年，新西兰大选，第52届新西兰国会选举于2017年9月23日举行。本届新西兰大选影响深远，是十年来最有看点的一次大选。移民问题成为各党派着力关注的焦点，各党派也纷纷推出自己的移民政策以吸引选民支持，华人积极参政议政。

民调显示，新西兰华人几乎一面倒支持国家党。国家党的支持者主要集中在30—39岁的群体；工党的支持者则集中在18—29岁的年轻人群体、60岁以上的老年人群体以及40—49岁的中年群体。76.8%的受访者认为，在将高质量的新移民引入新西兰方面，国家党的移民政策将更为有效，而工党的这一比例为23.2%。工党许诺的一些政策让很多华裔选民坐立不安，比如增税、限制移民等对华人不利。此外，调查还显示，对华人选民来说，治安、医疗保健和教育是他们最关心的问题。

华人参政方面，5月，新西兰工党党内排位名单公布，其中有两名华裔工党人士霍建强和陈耐锶排入前50名。霍建强1963年生于安徽潜山，1994年移民新西兰，曾任新西兰最大英文日报《新西兰先驱报》(New Zealand Herald)亚裔新闻记者，是该报1863年创刊以来新移民中第一位母语不是英语的华裔文字记者。陈耐锶在奥克兰大学修读法律和艺术双学位，是新西兰中国留学生联合主席，是华人参政议政的年轻力量。7 月，新西兰毛利党 10 日宣布，华裔江威德（Wetex Kang）代表该党争夺奥克兰 Botany 选区。Kang 也成为该党历史上首位亚裔候选人。新西兰行动党的参选阵容中，华裔候选人吴善善赫然在列。两人都是马来西亚华人。

为了争取华裔选民手中的选票，英格利希总理甚至在其个人微信公众号上发布视频，号召华裔选民踊跃投票。8 月 15 日晚，来自新西兰八个政党的代表齐聚奥克兰东区潮属总会，八个政党的代表在现场纷纷开出选前支票。在之后的自由辩论环节，八位候选人就移民、治安、经济、住房、基础设施等问题进行了辩论。9 月 3 日，新西兰各党候选人访问华社，每个党阐述了自己的政策及能为华人社区做出的贡献。

9 月，新西兰各政党为大选进行最后冲刺，大选揭开帷幕，华社大选的参与热情高涨，很多人希望自己的一票能在决定这个国家发展方向的过程中起到关键作用。不少华人在微信朋友圈晒出选票，有的还公开自己的投票选择，号召朋友们和自己选择同样的政党。

11 月，新西兰华人议员霍建强当选新西兰第 52 届国会法制委员会主席。首位来自中国大陆的华人议员杨健博士第三次成功当选新西兰国会议员。

二、中国中小学新西兰留学生数量猛增，低龄化趋势明显

据新西兰教育国际推广局统计，近几年中国赴新西兰留学的学生数量持续增长，主要留学人群从本科生和研究生逐步转为中学生，低龄化趋势明显。2015 年，赴新西兰就读中小学的中国人数首次超过入学大学人数。2016 年，新西兰国际招生人数达到 131,609 人，中国留学生 38,046 人，占 29%。比上一年增加 4,429 人，增长率为 13%。增长最快的是去读小学课程的学生，2016 年共计 1292 名学生在新西兰就读小学，比 2015 年增长了 71%。中国人理解的高中，也就是新西兰的 Secondary Schools，也是大量增长，在 2016 年中学留学中，中国比上一年增加了 739 人，达到 5,966 人，增长率达到 14%。

中小学留学升温迅速，原因是多方面的：首先，新西兰是第一个在世界上推行牧教关怀行为准则的国家，在很多方面跟进、改革，监管日趋完善，有着良好的口碑；其次，新西兰教育机构大力推广功不可没。新西兰政府一直邀请很多中小学的市场部人员一起到中国推广。中国家长对低龄留学持开放态度，愿意送小孩到海外从小接受教育；此外，新西兰旅游签证对中国市场越来越开放，家长带小孩来新西兰体验生活的机会变多了，一部分喜欢新西兰的也就留下来读书。

三、技术移民实施新政，引入收入门槛

2016 年 10 月，新西兰技术移民打分政策从 140 分提高到 160 分。2017 年 4 月，新西兰移民局发布消息，新西兰技术移民引入收入门槛，并以此作为判断技术就业的标准。申请者要获得技能就业加分，其年薪必须达到 48859 纽币（以每周工作 40 小时，时薪 23.49 纽币计算）的入门标准。增加对过往技术工作经验的加分。对年龄在 30—39 岁的申请者，相应提高年龄加分。增加 level 9 和 level 10 学历的加分。移民局会根据就业合同或者工作邀约，判定申请者的薪酬水平。此外，移民局还可能要求申请者提供工作收入和工作时间等相关信息。移民局表示，收入标准会在每年 11 月根据新西兰整体收入水平进行调整。技术移民新政 8 月 28 日开始实施。移民局明确规定，技术类移民申请若要获批，申请者必须满足以下两个条件之一：在新西兰从事技术工作或获得技术工作的邀约；在新西兰经过最少两年学习获得硕士或者博士学位。从 4 月宣布到 10 月的半年时间内，技术移民申请数量（4644 份）同比减少了接近一半。

新西兰移民政策收缩，背后原因较多：首先，悄然滋生的就业保护主义，在金融危机的阴影笼罩下，移民国家慷慨发放绿卡的时代宣告结束，他们以“训练本土人才”取代对海外劳工的依赖，降低移民人口水平；其次，近年来西方国家对全球化否定思潮兴起。在全球化经济发展过

程中，产业结构比较失衡开始显露出反全球化的倾向，各国通过提高申请标准来限制移民，从而对本国境内的产业进行保护；最后，全球此起彼伏的恐怖袭击，迫使各国宁愿关门自保，也不愿意广纳移民人口。

四、削减学生签证，禁止外国人买现房

11月，新西兰新任总理杰辛达·阿德恩(Jacinda Ardern)表示，将把学生签证和工作签证的数量减少2万至3万，并减少参加“低价值”课程的学生人数。

12月，新西兰政府出台《海外投资法修正草案》，禁止外国人在新西兰购房。按照新西兰政府安排的时间表，这个史上最严厉的购房限制令，把永久居民签证和居民签证持有者区分开来，让一些尚未获得永久居民签证的居民签证持有者感到“很受伤”。

五、创业移民拒签率增高，对中国人影响最大

想在新西兰做生意的创业者，需要先申请创业移民工签，在新西兰生意满2年后，再申请创业移民的居民签证。新西兰移民局透露，创业移民的工签拒签率达80%，创业移民其后申请居民签的拒签率为50%。照此推算，每10人申请创业移民，只有1人能够成功。2015—2016年度，共386人获创业工签。根据2016年数据，在新西兰的创业移民工签申请中，中国籍277人，占比70%。美国和英国办

理此类签证的均不到6%。创业移民拒签率增高对中国移民影响最大。

非洲侨情简述

一、非洲华侨华人的人数及空间分布

与其他地区的中国海外移民相比，非洲的中国海外移民在数量上不是很多，但增速很快。由于非洲国家在移民监管与统计方面的不足，关于非洲地区华人人口的说法不一，相差较大。

李新烽将非洲国家按照华侨华人数量的多少分为四类：第一类是人数超过10万的，有南非、安哥拉和尼日利亚，其中南非约有30万，安哥拉有26万，尼日利亚有20万，这三个国家是非洲华侨华人最集中的地区，总数达到76万；第二类是华侨华人数量在1～10万之间的国家，主要有毛里求斯、马达加斯加、刚果（金）、加纳、坦桑尼亚和留尼旺岛，以上六国华侨华人总数达到24万；第三类是华侨华人人数在1000～10000人的国家，有埃及、阿尔及利亚、苏丹、埃塞俄比亚、肯尼亚、乌干达、马里、刚果（布）、赞比亚、津巴布韦、纳米比亚、莫桑比克、莱索托和塞舌尔等国，粗略估算总人数在5～10万之间；第四类是人数不超过1000的国家，这类国家有20多个，主要集中在西非地区，总数月有1.5万人。据估算，2012年底

在非总人数达110万左右。华侨华人主要集中在南部非洲，短期内华侨华人在非洲的空间分布不会有太大变化。

近年来，由于包括非洲在内的全球经济不景气，部分非洲国家治安环境不佳，针对华人的犯罪活动增加，很多人从非洲回国。例如，据估计，过去4年，约有15万人离开了石油储量丰富的安哥拉。

综合各方面的数据，2017年在非洲的中国人数量极有可能不会超过100万人。近年来，在非中国人的数量虽然有所波动，但随着非洲经济的复苏和中非经贸合作、人员往来的扩大，在非的华侨华人数量必将恢复增长。从长期趋势来看，非洲华侨华人数量的增长也是确定的。

二、中非交往日益频繁，中国在非洲的影响持续扩大

（一）中国的发展经验为非洲国家提供另一种选择

中国四十年来所取得的经济成就，让愈来愈多的非洲国家开始思考“西方化”是否为唯一的“华山之路”。例如，埃塞俄比亚常被外界视为与中国发展轨迹非常相似。该国过去十多年来年均经济增速达10%，正在创造非洲大陆上的一个经济发展奇迹。与此同时，卢旺达、肯尼亚、乌干达、安哥拉等非洲国家也越来越多地把目光转向中国。这些国家研究、学习“中国道路”，经济发展好于其他非洲国家，英国《金融时报》将此种现象称为“中国式繁荣”。

（二）中国引领国际对非合作态势明显，中国在非影响日益提升

中非十大合作计划提出两年多来，绝大部分任务已经落实，大部分项目也已提前完成，且收效良好。在工业化合作领域，中方已成功为非洲中小企业发展专项贷款增资50亿美元，并新设了100亿美元的中非产能合作基金，为非洲国家提供15万人次的专业技术人才培训。此外，中方还同多个非洲国家签订了建设经贸合作园区的协议。目前，中国是非洲最大的经济合作伙伴，中国在非洲大陆的投资水平不断上升。在贸易、投资、基础设施、融资和援助等方面，中国都是非洲的前五大合作伙伴。

（三）中非贸易额3年来首现正增长

自2015年上半年以来，我国与非洲的贸易额一直呈现负增长的状态。2017年，中非之间的贸易额实现了近3年来的首次由负转正。据中国海关统计，2017年1—12月，我国与非洲进出口总额达1700亿美元，同比增长14.1%，超出我同期外贸总体增幅2.7个百分点。

（四）中国人给非洲带来巨变，非洲将逐步成为新的制造基地和消费市场

据调查，多达10000家中国企业活跃在非洲，其中约90%的公司是私营企业，雇用了数百万非洲人。这些私营企业的非洲雇员比例高达92%，非洲经理占比44%。近1/3的受访企业涉及制造业，同时，中国企业还在当地的服务业、贸易业、建筑业和房地产业方面扮演了重要的角色。

中国企业在非洲的一个主流经营模式，就是中国、非洲和欧洲的三角互通，中国资金技术加上非洲制造，最终的市场瞄准欧美。联合国贸易和发展会议的数据显示，中国企业过去10年在非洲总计投资340亿美元。投资领域日趋多元，由投资最为集中的建筑业和采矿业逐步向制造业、金融业、信息产业、互联网行业等新兴行业倾斜。

三、非洲华侨华人面临的问题

（一）社会治安状况欠佳

在非洲华人媒体上，针对在非中国人的违法犯罪行为屡见不鲜。一些国家恐怖主义威胁加剧，一些国家排外情绪滋生，这些都不利于华侨华人的生存发展。华侨华人虽然联合当地政府和当地社会，采取了一些措施（如建立警民合作中心，成立保安公司、雇佣当地保安等），但效果不彰。

（二）华人群体整体上缺乏团结

一是华人企业之间存在恶性竞争。以卢萨卡的餐饮业为例，中餐馆从最初的几家发展到10余家，进而发展到现在的28家，同行竞争极为激烈，利润被压得很低。二是华侨社团也成为斗争的场所。例如，在2017年，30余名在南部非洲的上海人登报批评，称南部非洲上海工商联谊总会贪腐横生、账目混乱，公开宣布退出该会。

（三）本地化程度不够

虽然中国企业和华侨华人在本地化方面做了种种努力，但还远远不够。据调查，仅47%的中国企业采购源自当地的非洲企业，同时，绝大多数中国新移民希望落叶归根，而新移民占比又超过90%。中国企业和华侨华人还须熟悉当地商业环境、政策和习惯等细节，在寻找本地合作伙伴、创造下一代客户和供应链、培训提拔员工、处理复杂的劳工关系等方面还有许多事情要做。

（四）华侨华人形象有待进一步提升

非洲华侨华人在这方面已做了大量的工作，如从事大量的公益慈善事业、加强文化交流等。但仍有个别华人从事非法行为，如从事买卖象牙等活动，严重败坏了中国人的声誉。从媒体上看，有些非洲人将中国人看作良师益友。还有些非洲人认为，中国在非洲攫取资源，中国人抢夺当地劳动力市场，中国商品量多质差，中国企业不遵守当地法规。一些极端看法，显然是受到西方媒体的影响。中国人给非洲当地人造成的不好的印象，固然有偏见的影响，也与部分中国人的行为有关，亦与中国政府、华侨华人不善宣传、不善经营自身形象有关。此外，当地华人守法合规经营意识也有待增强。

四、挑战与机遇

（一）在做好自身产业转型升级的同时，完善在非洲的产业链布局，提升中国企业产业链的地位

这是中国政府和中国企业必须思考并加以解决的问题。有人认为，非洲可能是第一个真正的数字优先区域，越来越多的跨国公司正竞相进入。2017年间，非洲涌现了

大量的加速器和孵化器。1 月，Ecobank 发起了一项金融技术挑战，以筛选整个非洲的创新者。6 月，法国电信巨头 Orange 承诺将投资 5000 万欧元（合 5600 万美元），用于创建 Orange Digital Ventures Africa，这是其早期投资项目的一个新分支。霍尼韦尔与非洲经济革命基金、谷歌、Facebook 和尼日利亚通行银行也都宣布建立自己的加速器和社区建设平台。美国和欧洲公司在争夺全球市场主导地位的同时也迅速认识到，西方市场的产品不一定能让新兴市场的受众产生共鸣，欧美公司正采取科技品牌本地化方法，生产更适应本地的产品。中国的高科技公司是时候参与到非洲市场，与欧美国家公司展开竞争，在产业链的顶端争得并扩大自己的份额，从而改善自己在全球产业链中的地位。

（二）适应非洲发展形势和地区地缘地位差别，突出重点，改善中国投资国别布局

根据多家机构的估计，非洲的经济将持续增长，但国别、地区差别很大。中国政府几乎援助过所有的非洲国家，华侨华人的足迹也几乎遍布非洲各地。但相对于一些国家，中国对埃及、摩洛哥的投资显得较少，在这两个国家的华侨华人数量也不是很多，这与两国的发展态势和战略地位不太相符。建议国家有关部门适当引导华侨华人和中国企业，将北非的埃及和摩洛哥作为投资和发展生产的重点对象国。从发展态势上来看，北非地区今后几年将排在全非第二。据南非兰德商业银行预计，埃及将取代南非成为非

洲投资第一目的国，摩洛哥紧随南非之后，排在第三位。埃及、摩洛哥无疑会提供难得的商机。从地缘政治地位来看，埃及、摩洛哥既是非洲国家，也是阿拉伯国家，地理位置非常重要，埃及更是在中东、北非拥有广泛的影响力。加大对这两个国家的投资力度，无疑会有利于我国国力的拓展。

中美洲侨情简述

中美洲包括危地马拉、伯利兹、萨尔瓦多、洪都拉斯、尼加拉瓜、哥斯达黎加、巴拿马和墨西哥 8 个国家。此次主要介绍巴拿马、哥斯达黎加、洪都拉斯和墨西哥 4 个国家的情况。

一、巴拿马

2017 年 6 月 13 日，中国与巴拿马正式建立外交关系，取得战略性的突破。11 月 22 日，巴拿马总统巴雷拉结束了对中国为期 6 天的历史性访问，开启了两国关系富有成果的新阶段，中巴两国就经济、文化、旅游等多个领域签署协议，达成共识，两国签署了 19 项双边合作协议，涵盖了运输（海运、铁路和空运）、农业、国际贸易、投资、电力传输和旅游等多个领域。中巴建交，在巴华侨华人多年的心愿终于达成。巴拿马资源丰富，地理位置优越，长于航运、物流、金融等领域，与中国在产业结构上优势互补，

有天然的合作条件。越来越多的中资企业将到巴拿马投资，两国经贸、文化等领域的交流合作也将愈加频繁。

（一）巴拿马华侨华人历史

1854 年 3 月 30 日，“海巫”号帆船运载 705 名华工从中国抵达巴拿马。次日，《巴拿马先驱报》刊发这一消息，使其成为有正式文字记载的第一批抵巴的中国人。之后，数万华工为巴拿马修建铁路、开凿运河献出血汗。当年前往巴拿马当华工的人 95% 以上来自中国广东省，主要有花县人，也有恩平、开平、台山、新会等地人。根据《巴拿马·共和国百年》一书记载，1908 年，巴拿马城 82% 的商业活动被外国人经营，其中 79% 的零售业被中国人控制。20 世纪 70 年代以后，一些来自中国其他地区如浙江、福建、辽宁、北京、湖南、山东、河北和河南的民营企业家来到巴拿马经商。华侨华人凭借刻苦耐劳和百折不挠的精神在巴拿马扎下了根，并给巴拿马经济增添了活力，不少华人成为商界杰出人士。2004 年，巴拿马国会将每年的 3 月 30 日定为“华人日”，以纪念华人抵达巴拿马，颂扬华人为巴拿马发展做出的巨大贡献。首都巴拿马城还建有“中巴公园”和华人抵达巴拿马 150 周年纪念碑。1996 年起，中巴两国互设商务代表处。

目前，巴拿马全国人口约为 311 万，其中华人占 5%。中国因素在巴拿马经济增长中发挥着重要作用，中国是巴拿马运河的第二大用户，也是巴拿马科隆自由贸易区的最大供应商。

（二）中巴建交更有利于华侨华人

巴拿马华侨华人得知中巴建交的消息后非常激动，2017 年 6 月 12 日，在巴拿马首都巴拿马城的华人社区，人们积极参加巴拿马与中国建交的庆祝活动。华侨华人还踊跃在社交媒体上分享两国建交的新闻，表达内心的喜悦。

中巴建交以前，巴拿马人对中国知之甚少，华人融入当地社会的程度也不高。两国建交有利于巴拿马人加深对中国文化和经济发展现状的了解，也有利于在巴华侨华人更好地融入主流社会，提升社会地位。以前，巴拿马政府对华人关注较少，中巴建交以来，政府组织的文化活动、表彰大会等多数活动都会邀请侨团参与。

此外，2018 年 3 月将开通直飞巴拿马的航班，两国往来将更加方便。此前，当地华侨华人要回祖（籍）国，主要依靠两条航线：一是由巴拿马起飞，经 6 个小时到美国洛杉矶转机，再飞 14 个小时后抵达中国国内；二是由巴拿马起飞，经法国巴黎转机，这条航线花费的时间比第一条更长。中巴直飞航班的开通对巴拿马华侨华人而言，无疑是个“大福利”。

（三）华侨华人的优秀代表一巴拿马总统顾问陈国基

在巴拿马侨界乃至主流社会，陈国基早已家喻户晓。以总统顾问身份担任巴中建交“穿梭使者”、为促成建交贡献良多，这让他的名字在华人世界广为流传。

陈国基生于江门台山，16 岁移民巴拿马。从为家族生意打工到创业，陈国基涉足零售、贸易、地产等行业，事

业有成。怀着“为华社发声”的初衷，陈国基于2005年投身政界，在巴拿马主义党谋得一席之地。此后数年，他与党内领袖巴雷拉一同奋战，缔结友谊。2014年，巴雷拉赢得总统选举，陈国基成为总统顾问团的一员，继续为提升华侨华人地位及维护华社权益不辞辛劳。他的“华人要在主流社会取得地位、权益、认同，必须参与政治”观念，已为越来越多的巴拿马华侨华人所认可。

2016年，作为巴拿马“国家中华民族委员会”首届委员，陈国基与其他几位华人委员一道，游说国会议员、移民局、公安部等，最终促成巴拿马总统颁布特别行政命令，为上万名因多种理由非法滞留的中国公民提供长期合法居留权限，解决身份困扰。与此同时，陈国基牢记公职赋予的使命，对各族裔选民负责，为住在国发展出力。2017年6月13日，巴拿马与中国正式建交，在两国关系实现正常化的过程中，陈国基更是付出了很多心力。在“2017全球华侨华人新闻人物”评选中，巴拿马总统顾问陈国基与归侨楷模黄大年，中科院院士杨振宁、姚期智等侨界人士被评选为“2017全球华侨华人新闻人物”。

（四）巴拿马华人参政凸显族群地位提升

从修铁路、开运河、做苦力，到如今能够参政议政，历时160余年，经过一代又一代人的努力，巴拿马华侨华人逐渐融入主流社会，族群地位持续提高。在巴拿马总统巴雷拉的访华团队中，有10位华人成员。巴拿马设有中华民族日，议会还于2015年成立了中华民族委员会，负责与政府沟通侨社事宜，包括陈国基在内的多位侨领担任首届委员。未来，巴拿马华侨华人将为巩固巴中两国友好关系，为两国合作交流作出更大贡献。

二、哥斯达黎加

2007 年 6 月 1 日，哥斯达黎加宣布与中国建立外交关系，成为当时唯一与中国有外交关系的中美洲国家。中哥关系经过 10 年发展，已非常成熟稳固，两国已发展为战略伙伴关系。十年间，两国贸易往来取得了长足发展，中国成为哥斯达黎加第二大贸易伙伴。

（一）华侨华人影响力较高

在哥斯达黎加，生活着许多民族，众多文化传统并存，华人和中国文化是其中最重要的力量之一。华侨华人在哥斯达黎加经济和文化生活中一直扮演着重要角色，有着强大的影响力。华人移居哥斯达黎加有近 150 年的历史，为哥斯达黎加各界做出了重大贡献，尤其在文化、艺术、科技方面，拉美第一位太空人张福林就是华裔。目前在哥斯达黎加约有 5 万华侨华人，其中 90% 来自广东省。

（二）文化日活动推动中哥友好

中哥建交 10 年来，两国人文交流蓬勃开展，丰富多彩的文化交流拉近了两国人民之间的距离，增进了两国人民的友谊。哥斯达黎加政府和立法大会自 2003 年起将每年 10 月的第一个星期一确定为“中国文化日”，相关文化活动至今已连续成功举办十四届。每年一度的文化日活动为促

进两国人民相识相知，不断拉紧中哥友谊纽带提供了良好平台，受到当地民众的热烈欢迎。哥政府确立“中国文化日”，不仅体现了哥方对中国文化的欣赏和尊重，也是对广大旅哥华侨华人为当地经济社会发展及中哥友好交流所作贡献的充分肯定。

三、洪都拉斯

虽然目前中国与洪都拉斯尚未建立正式外交关系，但仍有较多华侨华人集中在首都特古西加尔巴和北部城市圣佩德罗苏拉。

在特古西加尔巴的华人中，95%是广东人，他们大多只会说粤语，另外还有一些香港人、福建人、江浙人和少数新疆人。华人在这里主要是开餐馆和百货杂铺，有的还经营超市、印刷厂和文具店。其中开餐馆的最多，因为对于不懂西班牙语的中国新移民来说，这是一条谋生的捷径。特古西加尔巴是一座山城，依山而建的小马路很陡峭，这里有200多家中餐馆，几乎全是广东菜，时常可见“京华餐厅”“中华楼”这样的招牌。因治安不大好，中餐馆外常能看到荷枪实弹的保安。

在洪都拉斯，由于华人没有中国使领馆的庇护，华侨社团便扮演了重要角色。洪都拉斯华侨总会是当地最大的侨团，于1943年成立，现有会员300多人，会馆在老城区中心地带拥有一座会所。在整个特古西加尔巴，中国味儿最浓的地方当数华侨总会。由于当地没有中国使领馆，华人在办签证、开证明等方面还是有种种不便。

华侨华人凭借自身吃苦耐劳的精神和精益求精的行业品格逐步成为洪都拉斯社会地位较高的群体，对于推动当地经济社会发展、改善民众生活质量等方面贡献巨大，同时，也加强了中国与洪都拉斯两国之间的民间往来，弘扬了中华文化，增进了洪都拉斯民众对中国的认识和认同。

四、墨西哥

据不完全统计，墨西哥现有中国血统的华裔超过 40 万人，而华侨华人仅 8 万人。此外，华侨华人的居住地比较集中，墨西哥西北地区是旅墨华侨华人的重要聚居地，当地华侨华人近 5 万人，约占全墨华侨华人总数的 70%，基本来自广东省。墨西哥首都的墨西哥城华侨华人也有 70% 来自广东省。广东籍华侨华人为墨西哥的开发特别是边境城市的经济发展做出了突出贡献，受到当地官方和社会各界的认可。

巴西侨情简述

2017 年是中巴关系继续深入发展的一年。中国与巴西同为金砖国家，2017 年 8 月举行的金砖国家领导人第九次会晤推动了中巴友好关系向前发展；9 月，巴西总统特梅尔访华，与习近平主席就扩大与深化中巴合作达成系列共识，双方经贸合作与文化交流再上新台阶。截至 2017 年年底，

中国在巴西投资存量接近500亿美元，成为巴西主要的外资来源国。两国政府就商务旅游签证达成新协议。巴西已在中国建立了5个签证中心，巴西领事馆已将签证办理的时间由40天减少到了35天。据巴西旅游局官员称，2018年巴西在中国的签证中心数量将增加到15个，中国到巴西的旅游签证也将由90天延长到5年，商务签证由3年延长到5年。

一、巴西华侨华人总人口较少，中国移民呈增长趋势

中国与巴西相隔万里之遥，与美国、加拿大、澳大利亚等发达国家相比，巴西并非中国移民的主要目的国，也不是热门旅游目的地，因此，巴西华侨华人总数相对较少。据中国驻里约热内卢总领馆领事陈太荣估计，全巴西约有25万华侨华人。巴西华侨华人包括出生在中国（包括大陆、台湾、香港、澳门）的第一代移民和少数从东南亚（主要是印度尼西亚）移民巴西的华人。由于巴西在人口普查时没有设置国籍、族群的调查栏目，因而在巴西，唯一能提供有关中国移民和华人数据的只有巴西联邦警察署移民局的外国人登记和注册系统。据该系统数据显示，2005年，持中国护照的移民有22991名。2013年，在巴西的中国移民总人数约为41865人。而2016年，在该系统注册的中国移民总数为49905人。

二、“中国移民日”设立，巴西华侨华人获认可

巴西中国议员阵线 8 月 15 日在巴西众议院全会大厅举行中国移民纪念活动。该阵线主席福斯托·皮纳托向众议院全会递交提案，要求将每年 8 月 15 日设立为“中国移民日”。200 多年前，一批中国茶农远渡重洋来到里约热内卢和圣保罗，为当地民众带来了茶叶种植技术，也翻开了中国移民巴西历史的第一页。华人移民巴西以来，从简单的劳务输出和种茶技术的传播，到现在各领域的交流与合作，反映出了华侨在海外的发展轨迹。巴西官方记录的第一批华人抵达巴西的时间是 1900 年 8 月 15 日，因此巴中议员阵线在提案中要求把这一天定为“中国移民日”。巴西“中国移民日”的设立代表巴西政府、巴西人民尊重并承认了中国的强盛国力和国际影响力，意味着华人被巴西这个文化多元化国家进一步的认可，也是中国移民树立中国形象的新起点。

三、中巴贸易为巴西创造大量就业岗位，集中在出口行业

中国和巴西两国贸易往来愈加频繁，为巴西创造了大批的就业岗位。2017 年，国际劳工组织发布了名为《中国对拉丁美洲和加勒比地区就业带来的效应》的报告，报

告指出，中国和该地区的贸易往来给当地就业带来了积极效应。报告称，1995—2011年，中国和巴西之间的贸易为巴西净创造了135万个就业岗位（创造新的就业岗位和失业的差额）。两国贸易在巴西创造的就业岗位主要在出口行业，该行业给巴西带来了195万个新的就业岗位。不过两国之间的贸易也造成一些行业出现了失业现象，比如工业就减少了59.5万个工作岗位，其中主要是在电脑行业（19.5万个）和纺织行业（10.5万个）。尽管如此，两国贸易给其他行业带来的就业增长弥补了这一损失。报告还指出，中国在巴西创造就业岗位的质量普遍不太高，最主要的原因是中国带来的就业岗位主要是在农业而非工业，而工业中就业人员的教育水平更高，工资也相对较高。

四、侨团积极作为，多措并举维护华商权益

巴西华侨华人主要集中在圣保罗，而圣保罗的社会治安状况总体较差，已经对华人的正常生活带来了一定的困扰甚至安全隐患。很多华人不熟悉当地法律，遇到权益受损时无法及时有效地使用法律武器进行自我保护。有鉴于此，为维护旅巴华商的合法利益，增进华商的法律法规常识，当地侨团积极作为，多措并举维护华商权益。一是成立巴西华商总会法律援助小组，开通法援热线，为华商经营过程中产生的疑惑及相关法律问题无偿提供法律援助，如在误涉法律盲区事件中存在诸如语言障碍而受到不公对待；二是设立华人治安报警点。继2016年圣保罗华助中心

第一家华人治安报警点在布拉斯挂牌服务后，2017 年 3 月，第二家华人治安报警点在廿五街的巴西华人工商联合会挂牌为侨胞服务。治安报警点为侨胞遇到各种治安事件提供援助，解除侨胞的害怕心理和怕麻烦及语言不通的顾虑，通过报警让巴西警方掌握治安情况，以加强警力部署，改善社会治安环境，保护侨胞的合法权益和生命财产安全。

五、《南美侨报智利之窗》创刊，华文媒体开辟新阵地

由巴西《南美侨报》独资创刊的《南美侨报智利之窗》于 2017 年 1 月 28 日（农历正月初一）在智利首都圣地亚哥正式发行，填补了智利多年没有纸质华文媒体的空白。《南美侨报智利之窗》为周刊，共设 16 版，头版和尾版为彩色印刷，内容秉承宣扬中华文化、服务当地侨社，以华人关注的智利和南美新闻为主线，全方位地报道中国和世界发生的大事。作为南美地区实力最强大、办报经验最丰富、历史最悠久的一家华文媒体，《南美侨报》在自身大力发展新媒体的同时，仍根据南美各国华人的需求，努力坚守纸质媒体的阵地，体现出其对传统纸质媒体的一份坚持与回归。

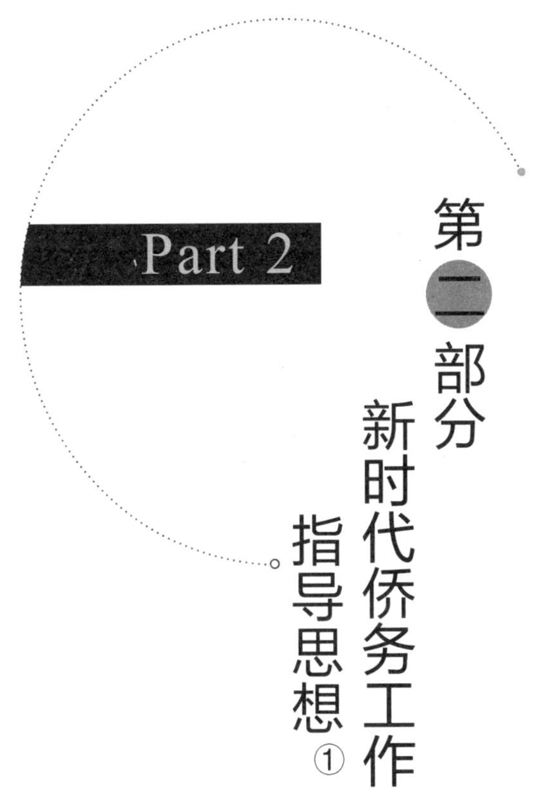

Part 2 第二部分 新时代侨务工作指导思想①

① 本部分内容摘自，中共中国侨联党组：《新时代侨联工作改革创新的根本遵循——深入学习贯彻习近平总书记关于侨务工作的重要论述》，《求是》杂志，2018 年第 16 期。

侨联是党和政府联系广大海外侨胞和归侨侨眷的桥梁纽带，是开展党的侨务工作的重要力量。党的十八大以来，以习近平同志为核心的党中央对做好新形势下的侨务工作、推进中国侨联改革高度重视，提出一系列新理念新思想新战略，开启了侨联发展的新篇章。特别是习近平总书记站在坚持和发展中国特色社会主义、实现中华民族伟大复兴的中国梦的高度，对侨务、侨联工作作出一系列深刻论述和重要指示，成为习近平新时代中国特色社会主义思想的重要组成部分。新时代，侨联要深入学习贯彻习近平总书记关于侨务工作的重要论述，不断推进侨联工作改革创新。

一、深刻领会习近平总书记关于侨务工作重要论述的科学内涵

习近平同志曾在侨务大省福建、浙江及新侨集中地上海工作，对华侨华人有深厚的感情，对侨务工作有深入的思考。习近平总书记关于侨务工作的重要论述内容十分丰富，涵盖了侨务工作的各个方面。

明确并高度肯定了海外侨胞的地位作用。习近平总书记指出，长期以来，一代又一代海外侨胞秉承中华民族优秀传统，不忘祖国，不忘祖籍，不忘身上流淌的中华民族血液，热情支持中国革命、建设、改革事业，为中华民族发展壮大、促进祖国和平统一大业、增进中国人民同各国人民的友好合作作出了重要贡献；广大海外侨胞有着赤忱的爱国情怀、雄厚的经济实力、丰富的智力资源、广泛的

商业人脉，是实现中国梦的重要力量。这些重要论述，为我们把握新时代海外侨胞的地位作用提供了根本遵循。

明确了凝聚侨心侨力同圆共享中国梦的新时代侨务工作主题。近代以来，海外侨胞在异国他乡求生存、谋发展，备受国家落后、民族贫困所带来的歧视与侮辱。作为中华民族的一员，他们热切盼望祖（籍）国强盛和中华民族振兴。习近平总书记在会见第七届世界华侨华人社团联谊大会代表时强调，“中国梦是国家梦、民族梦，也是每个中华儿女的梦”。2017 年初，习近平总书记对侨务工作作出重要指示，指出要以凝聚侨心侨力同圆共享中国梦为主题，最大限度把海外侨胞和归侨侨眷中蕴藏的巨大能量凝聚起来、发挥出来。习近平总书记提出的侨务工作主题，是新时代侨务工作的中心任务，将贯穿于新时代侨务工作始终。

明确了“根”“魂”“梦”的新时代侨务工作主线。海外侨胞长期生活、工作在海外，靠什么来联系凝聚他们？习近平总书记指出，“团结统一的中华民族是海内外中华儿女共同的根，博大精深的中华文化是海内外中华儿女共同的魂，实现中华民族伟大复兴是海内外中华儿女共同的梦。共同的根让我们情深意长，共同的魂让我们心心相印，共同的梦让我们同心同德，我们一定能够共同书写中华民族发展的时代新篇章”。习近平总书记的重要论述，明确了联系凝聚广大海外侨胞的情感之纽带、精神之依托、动力之源泉，是新时代开展侨务工作必须牢牢把握的主线。

明确了“三有利”的新时代侨务工作原则。早在福建

工作期间，习近平同志就提出，在新时期，侨务工作要有新的观念、新的思路，这个观念和思路就是在“对投资者有利、对所在国有利、对中国有利”“三有利”的前提下，充分发挥“侨”的优势。党的十八大以来，这一思想得到了新的发展，愈发显示出其重大的理论与实践意义。新时代的侨务工作必须深刻把握“三有利”的原则，将其贯彻到侨务工作的各个方面。

明确了“大侨务”的新时代侨务工作格局。习近平同志在福建工作时，经过充分调研和深入思考，提出了“大侨务”的工作观念，指出新时期的侨务工作要打破地域的界限，跳出侨务部门的范围，使之成为党和各级政府的大事，成为全社会共同关心、参与的大事。2016 年，党中央批准了《中国侨联改革方案》。2018 年，党的十九届三中全会通过了《深化党和国家机构改革方案》，对侨务工作作出新部署。以习近平同志为核心的党中央把侨务工作放在党和国家战略全局中来谋划，形成了“大侨务”的工作格局。

明确了推动构建人类命运共同体的新时代侨务工作重点。华侨华人遍及世界各地，是推动构建人类命运共同体的重要参与者，特别是分布在“一带一路”沿线国家和地区的 4000 多万华侨华人，是当地民众了解中国的重要桥梁。习近平总书记强调，实现中国梦，是海内外中华儿女的共同愿景，也将为世界各国人民带来更多利益和机遇；广大海外侨胞要运用自身优势和条件，积极为住在国同中国各领域交流合作牵线搭桥，更好融入和回馈当地社会，为促进世界和平与发展不断作出新贡献。习近平总书记的这些重要论述，为新时代侨务工作拓宽世界视野、展现民间优势进一步指明了方向。

明确了“贴心人”“实干家”的侨务干部队伍建设要求。习近平总书记多次对加强侨联干部队伍建设提出要求，希望侨务战线的同志们坚持胸怀全局、坚持为侨服务、坚持改革创新，当好海外侨胞和归侨侨眷的贴心人，成为侨务工作的实干家。当好“贴心人”、成为“实干家”的要求，是好干部标准在侨务工作中的具体化，为新时代侨联干部队伍建设指明了努力方向。

习近平总书记关于侨务工作的重要论述顺应时代潮流，把握世界发展大势，内涵丰富、系统完整、逻辑严密，是对党的侨务理论的最新发展，是侨联组织团结联系广大海外侨胞和归侨侨眷为实现中华民族伟大复兴的中国梦共同奋斗的根本遵循和行动指南。

二、充分认识贯彻落实习近平总书记关于侨务工作重要论述的重大意义

习近平总书记关于侨务工作的重要论述，集中体现了我们党和国家对新时代侨务工作的战略部署。贯彻落实好习近平总书记关于侨务工作的重要论述，关系党和国家事业发展全局，关系中华民族伟大复兴的光明前景。

服务党和国家工作大局、实现中华民族伟大复兴的必然选择。在实现中华民族伟大复兴的中国梦的进程中，广

大海外侨胞发挥着不可替代的重要作用。习近平总书记关于侨务工作的重要论述，为海内外中华儿女共同奋斗实现中华民族伟大复兴的中国梦注入了强大精神力量，树起了新时代激励中华儿女团结奋进、开辟未来的精神旗帜。今天，中国特色社会主义进入了新时代，只有深入贯彻习近平总书记关于侨务工作的重要论述，才能最大限度把海外侨胞和归侨侨眷团结起来，最大限度把他们爱国爱乡的积极性调动起来，最大限度把他们促进改革开放和社会主义现代化建设的独特优势发挥出来，为夺取全面建成小康社会决胜阶段伟大胜利、实现中华民族伟大复兴的中国梦贡献力量。

适应侨情变化、深化为侨服务的重要基础。当前，海外侨胞的爱国热情、民族向心力越来越强，高层次人才、留学人员特别是回国创新创业的人员越来越多，这是做好侨务工作的重要基础。每个海外侨胞都是中华民族大家庭的一员，就像祖国参天大树上的一片叶子，根永远深深地在祖国的深厚土壤里紧紧相连。习近平总书记关于侨务工作的重要论述明确了中华民族、中华文化、祖（籍）国与海外侨胞的关系。只有深入贯彻习近平总书记关于侨务工作的重要论述，把侨务工作放到促进海内外中华儿女大团结的目标中来思考，才能不断联系团结广大海外侨胞和归侨侨眷共同固根、筑魂、圆梦。

适应世界格局新变化、树立中国形象的必然要求。当今世界正面临百年未有之大变局，侨务工作必须适应这种变化和复杂局面，努力在营造良好国际环境中发挥应有作用。习近平总书记出访各国时，经常在当地主流媒体发表署名文章，介绍中国的发展成就、两国交流的历史和成绩、中国和平发展与合作共赢的理念等，极大地促进了各国民众对中国的了解。只有深入贯彻习近平总书记关于侨务工作的重要论述，才能从统筹国内国际两个大局出发，服务中国特色大国外交，广泛团结联系广大海外侨胞为中国和平发展创造更加有利的国际环境。

推动构建人类命运共同体的客观需要。构建人类命运共同体，不仅是国与国之间的事，更需要世界各国民众普遍参与。遍布世界各地的华侨华人既是构建人类命运共同体的重要参与者、贡献者，也是共享者、受益者。习近平总书记把华侨华人作为与世界各国人民友好交往、不同文明交流互鉴的桥梁，展现了一位大国大党领袖的历史担当、人类情怀和天下胸襟。只有深入贯彻习近平总书记关于侨务工作的重要论述，才能发挥华侨华人作用，推动构建人类命运共同体。

三、深入贯彻落实习近平总书记关于侨务工作的重要论述，努力开创新时代侨联工作新局面

侨联工作是党和国家事业的重要组成部分。我们必须紧密结合学习贯彻习近平新时代中国特色社会主义思想，努力把习近平总书记关于侨务工作的重要论述贯彻到新时代侨联工作的各个领域、各个环节、各个方面。

精心组织、不断深化，开展习近平总书记关于侨务工作重要论述的大学习。要抓住侨联领导干部这个“关键少数”，以党组理论学习中心组为重要载体，一级带着一级学，有计划、分批次开展侨联干部学习培训。要通过策划专题专栏、刊发系列文章、开展大型主题采访等方式，宣传习近平同志在福建、浙江侨乡工作期间深入调研、关心侨胞、指导侨务工作的生动实践，宣传党的十八大以来习近平总书记关心海外侨胞、重视侨务工作的领袖风范，把广大海外侨胞和归侨侨眷更加紧密地团结在党的周围。

勇于创新、深化改革，不断推进侨联组织自身建设。习近平总书记多次作出重要批示指示，为侨联改革指方向、定方针、提任务。侨联组织要以增强政治性、先进性、群众性为目标，坚持问题导向，大力推进侨联组织体制、运行机制、工作方式、服务内容改革创新，坚持眼睛向下、面向基层，建好内部组织网络及侨联与其他部门、群团组织间工作网络，推行“地方侨联 + 大学侨联 + 校友会”模式，不断扩大联系面、增强凝聚力，真正把各级侨联建设成为组织体系健全、运行机制科学、联系侨界群众密切、服务侨界群众有力的坚强群团组织。

围绕主题、发挥优势，为实现中国梦、构建人类命运共同体贡献力量。要切实把握凝聚侨心侨力同圆共享中国梦的新时代侨务工作主题和“根”“魂”“梦”的新时代侨务工作主线，团结带领广大海外侨胞和归侨侨眷服务党和国家工作大局。坚持以同属中华民族为情感基础，以同源中华文化为精神纽带，以实现中华民族伟大复兴的中国梦为最大公约数，加强对海外华人学习传承中华文化等方面的服务工作，让他们成为海外对我友好的基本力量。发挥海外侨胞与当地民众联系紧密的优势，鼓励他们当好促进中外友好交流的民间大使。要在推动构建人类命运共同体的大格局中寻找侨务工作的着力点，引导“一带一路”沿线国家和地区的华侨华人在民心相通方面展现特点和优势，努力推动人类命运共同体的理念在各国民间扎根，使共商共建共享的理念在各国深入人心，为构建人类命运共同体贡献中国力量。

Part 3 第三部分 我国涉侨机构

第一章　全国人民代表大会华侨委员会

全国人民代表大会华侨委员会，是中国最高国家权力机关——全国人民代表大会下设的十个专门委员会之一，是根据《中华人民共和国宪法》第七十条的规定于1983年第六届全国人大第一次会议成立的。

主要职责

（一）审议全国人民代表大会主席团或全国人大常委会交付审议的有关侨务方面的议案，协调办理归侨人大代表提出的议案；

（二）积极开展涉侨法律法规执行情况的监督检查，推动涉侨法律法规贯彻落实；

（三）深入开展调查研究，就侨务方面的新情况和重大问题向有关部门，特别是涉侨部门提出建议；

（四）接待和受理海外侨胞和归侨侨眷的来访来信；

（五）开展有关侨务外事活动，组织全国人民代表大会华侨委员会代表团考察和了解侨胞在住在国权益保护情况，与侨胞住在国议会、政府及有关部门加强联系，为侨胞在驻在国谋求更好的生存与发展履职尽责。

第二章　国务院侨务办公室

国务院侨务办公室隶属于中央统战部，主要负责侨民方面事务。

主要职责

（一）负责拟订侨务工作政策和规划，起草相关法律法规草案并督促检查贯彻落实情况；

（二）调查研究国内外侨情和侨务工作情况，向党中央、国务院提供侨务信息，组织开展侨务政策、理论和侨务工作重大问题的调查研究，负责向涉侨部门通报侨务工作情况；

（三）协助国务院总理办理侨务事项，统筹协调有关部门和社会团体涉侨工作，指导地方有关部门侨务工作，协同外交部指导我驻外使领馆侨务工作；

（四）指导归侨侨眷工作，依法组织协调归侨侨眷和华侨华人在国内合法权益维护工作，配合有关部门研究处置涉侨突发事件，参与重大涉侨捐赠监督工作，协助有关部门做好归侨侨眷代表人士的人事安排工作；

（五）负责指导、开展对华侨华人及其社团的联谊和服务工作，开展香港、澳门特别行政区侨界的联谊工作，会同有关部门开展侨务对台工作，承办有关审批事宜；

（六）指导、推动涉侨经济、科技合作与交流，协调涉侨经济投诉工作；

（七）指导、推动涉侨宣传、文化交流和华文教育工作；

（八）承办国务院交办的其他事项。

机构改革

2018 年 3 月，根据中共中央印发的《深化党和国家机构改革方案》，将国务院侨务办公室并入中央统战部，中央统战部统一管理侨务工作，对外保留国务院侨务办公室牌子。

调整后，中央统战部在侨务方面的主要职责是，统一领导海外统战工作，管理侨务行政事务，负责拟订侨务工作政策和规划，调查研究国内外侨情和侨务工作情况，统筹协调有关部门和社会团体涉侨工作，联系香港、澳门和海外有关社团及代表人士，指导推动涉侨宣传、文化交流和华文教育工作等。国务院侨务办公室海外华人华侨社团联谊等职责划归中国侨联行使，发挥中国侨联作为党和政府联系广大归侨侨眷和海外侨胞的桥梁纽带作用。不再保留单设的国务院侨务办公室。

第三章　中国人民政治协商会议全国委员会港澳台侨委员会

中国人民政治协商会议全国委员会港澳台侨委员会是中国人民政治协商会议全国委员会设置的九个专门委员会之一。

中国人民政治协商会议第一届全国委员会设有华侨事务组，第二届至第六届称为华侨组，第七届、第八届称为华侨委员会。1995 年 3 月中国人民政治协商会议第八届全国委员会常务委员会第十二次会议将华侨委员会和祖国统一联谊委员会合并为台港澳侨联络委员会，1998 年 3 月中国人民政治协商会议第九届全国委员会常务委员会第一次会议定名为港澳台侨委员会。

主要职责

主要有以下职责：

（一）协助全国人大侨委、国务院侨办做好侨务立法和执法以及侨务工作方针政策和有关法律法规的宣传和贯彻工作；

（二）组织委员就侨务工作中的新情况和新问题开展专题调研，向中央和有关部门提出意见和建议；

（三）把握大团结大联合的主题，扩大与加强同海外侨

胞的联系和广泛团结，巩固和扩大爱国统一战线；

（四）广泛听取海外侨胞对中国各项建设事业和祖国统一大业的意见和建议，为他们提供参政议政的舞台和空间，发挥他们在中国民主政治生活中的作用；

（五）帮助引进海外资金、人才、技术和信息，牵线搭桥，为国家和地方经济建设服务；

（六）反映侨界社情民意，力所能及地帮助海外侨胞和国内归侨侨眷解决实际困难和问题。

第四章　中国致公党中央

中国致公党是以归侨、侨眷中的中上层人士和其他有海外关系的代表人士为主组成的、具有政治联盟特点的政党，是中国共产党领导的多党合作和政治协商制度中的中国特点社会主义参政党。中国致公党，简称致公党，前身是由华侨社团——“美洲致公堂”发起，于1925年10月在美国1日金山成立，旨在维护维华侨的正当权益，关注民族的独立和祖国富强。

组织机构

致公党的最高领导机关是全国代表大会和由它产生的中央委员会。全国代表大会每5年举行1次，必要时可提前或延期召开。中央委员会选举产生常务委员会主持中央日常工作。中央委员会下设组织部、宣传部、联络部和海外联络委员会、妇女工作委员会等工作部门。地方组织的领导机关是地方各级代表大会和由它产生的委员会。基层组织是支部。目前，致公党在北京、上海、天津、重庆、广东、广西、福建、湖南、山东、贵州、江西等省、市有组织。

基本准则

中国致公党以《中华人民共和国宪法》为基本准则，

独立自主地开展活动。长期以来，致公党作为参政党，始终坚持和完善中国共产党领导的多党合作和政治协商制度，在国家政治生活中发挥了重要作用。致公党参加国家政权，参与国家大政方针和国家领导人选的协商，参与国家事务的管理以及方针、政策、法律、法规的制定执行；积极发挥民主监督作用，为国家决策的民主化和科学化作出贡献；紧紧围绕国家经济建设的中心任务，为加快改革开放和现代化建设步伐，为建立和完善社会主义市场经济体制而努力；维护归侨、侨眷的合法权益以及海外侨胞的正当权益，积极向政府反映他们的意见和合理要求；积极开展对海外华侨华人和港澳同胞的联谊活动，广交朋友，促进祖国和平统一大业。同时，做好经济、科技、教育、文化等领域的交流和引进工作，开展对外友好和国际学术交流与合作，以促进中国人民和各国人民的了解和友谊。

活动情况

进入新时代，中国致公党秉承“致力为公、侨海报国”宗旨，继续加强与海外华侨华人的联系，鼓励海外侨胞融入当地主流社会，为所在国的经济发展和社会进步贡献力量，推动所在国与中国的经济、文化交流与合作，关心和支持祖国（祖籍国）的现代化建设；团结和引导广大归侨侨眷积极投身于祖国的现代化建设事业；加强同出国和归国留学人员的联系，鼓励他们回国服务和以多种形式为国服务；广泛联系海外侨团和人士，促进包括港澳台同胞、海外侨胞在内的华夏儿女的大团结，为统一祖国、振兴中华作出不懈的努力。

第五章　中华全国归国华侨联合会

中华全国归国华侨联合会是由全国归侨、侨眷组成的全国性人民团体，是党和政府联系广大归侨、侨眷和海外侨胞的桥梁和纽带，简称中国侨联。中国侨联是全国性的一级人民团体，是全国政协的组成单位，各级侨联与同级工会、青年团、妇联等人民团体享有同等待遇。

《归侨侨眷权益保护法》第八条规定："中国侨联和地方侨联代表归侨、侨眷的利益，依法维护归侨、侨眷的合法权益。"第二十三条还规定："归侨、侨眷合法权益受到侵害时，被侵害人有权要求主管部门依法处理，或者向人民法院提起诉讼。归国华侨联合会应给予支持和帮助。"侨联的性质决定了为侨服务是其根本宗旨，侨联的基本职能是"群众工作、参政议政、维护侨益、海外联谊"。

群众工作就是要本着一切为了归侨侨眷、一切依靠归侨侨眷的原则开展各项工作，充分调动广大归侨侨眷的积极性，凝聚侨心、集聚侨力，共同为振兴中华作贡献。就要时刻关心侨界群众生活，了解和掌握广大归侨侨眷和海外侨胞的愿望和要求，切实为侨界群众排忧解难，特别要关心归侨侨眷中的困难群体，动员各方力量扶贫济困，帮助解决实际困难。

参政议政就是要积极参加国家的各项政治、经济、文化和社会事务活动，为推动国家经济、社会发展和祖国统一大业发挥侨的独特作用。侨联作为政协组成单位，要积极发挥民主监督作用，通过侨界人大代表、政协委员提出提案和议案，积极反映社情民意、侨界的心声。要积极参与涉侨法律、法规的制定与修改，督促检查《保护法》的实施。

维护侨益就是要代表归侨侨眷的权利和利益，通过学习宣传侨法，提高全社会的认识；通过各种形式和渠道，加大依法护侨的力度；通过健全网络、拓宽渠道，增强信访工作的实效；通过深入基层、协调各方，提高为侨服务的质量。

海外联谊就是要充分发挥侨联组织密切联系海外侨胞的优势，深交老朋友，广交新朋友。加强同港澳侨团的联系，密切与海外侨胞及其社团的联系，建立与新一代侨胞及其社团的联系，加强与华侨华人世界性、区域性组织的联系，积极参与以地缘、业缘、血缘关系为纽带组成的侨团的联谊活动。

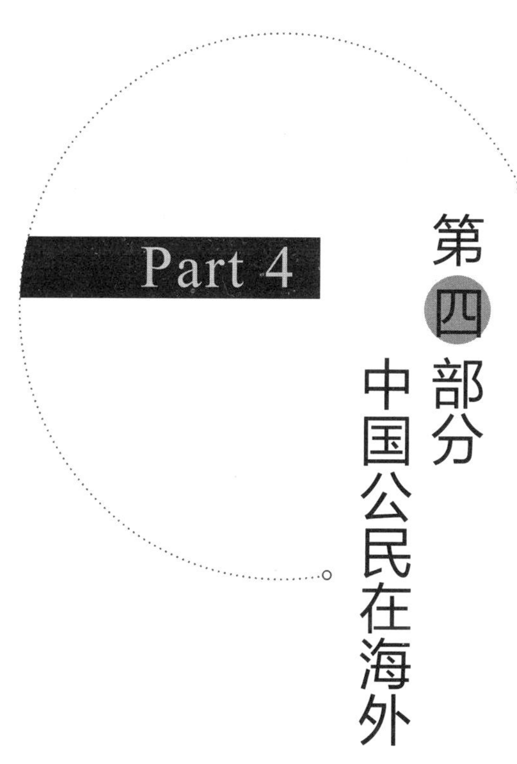

Part 4

第四部分 中国公民在海外

第一章　中国公民海外安全常识

出行必备

身份证件

旅行在外，要注意保管好身份证件。遇意外情况时，明确身份是当事人获得及时、有效救助的基本条件之一，也是事后办理索赔、救济等善后手续的基本要求。

证件种类

在国外期间的身份证件包括护照、旅行证、当地的居留证、工作许可证、社会保险卡等。许多情况下，国内的居民身份证也可帮助中国驻外使领馆确定当事人的身份。

个人信息卡

如在国外停留时间长，且当地没有规定外国人必须随身携带护照备查，为避免丢失，建议将护照资料页复印，复印件背后写上紧急情况联系人的姓名、地址、电话，将此页塑封做成“个人信息卡”，一份本人长期随身携带，一份留在国内直系亲属处以备不时之需。

行前推荐

购买保险

旅行在外，出现意外情况的概率增加，且国外医药等费用普遍较高，建议出行前及在海外居留期间，购买必要的人身意外和医疗等方面保险，以防万一。同时，个人购买保险的有关情况也要及时告知家人。

行前提醒

了解国情

尽可能多地了解旅行目的国国情，包括风土人情、气候变化、治安状况、流行病疫情、海关规定（食品、动植物制品、外汇方面的入境限制）等信息，并针对突出问题，采取必要应对或预防措施。

预防接种

根据旅行目的国的疫病流行情况，进行必要的预防接种，并随身携带接种证明（俗称“黄皮书”），以备进入目的国边境时检查。

检查证件

检查护照有效期（剩余有效期应在一年以上）、空白页（应有两页以上空白页），办妥目的国入境签证和经停国家过境签证，确定是否应携带“黄皮书”，核对机（车、船）票上姓名、时间、地点等信息，避免因证件问题影响旅行。

预防万一

携带《中国领事保护和协助指南》、本“常识”和相关宣传折页，认真阅读相关旅行提醒及安全常识，查明目的国中国使馆或领事馆的联系方式，旅行中尽量规避风险，同时还要确保紧急情况下能够及时联络求助。

少带现金

尽量避免携带大量现金出行，建议携带和使用银行卡。如银联卡，目前已可在全球许多国家使用，出国前可查询确认，以方便旅行。

如必须携带大量现金，记得做好安全防范，入出境时必须按规定向海关申报，还要注意目的地国家的外汇限制。

勿带禁品

严禁携带毒品、国际禁运物品、受保护动植物制品及前往国禁止携带的其他物品。

切勿为陌生人携带行李或物品，防止在不知情中为他人携带违禁品而引来法律麻烦。

慎带药品

慎重选择携带个人物品，在海关规定允许的范围内选择所携带药品的品种和数量。

携带治疗自身疾病的特殊药品时，建议同时携带医生处方及药品外文说明和购药发票。

配合审查

赴目的国的意图应与所办理的签证种类相符，入境时请主动配合目的国出入境检查机关的审查，如实说明情况。对外沟通时要注意保持冷静、理智，避免出现过激言行或向有关官员“塞钱”，以免授人以柄。

谨慎签字

入境一国遭遇特殊审查时，如不懂当地语言，切忌随意点头应允或在文件上签字。可立即要求提供翻译或由亲友代行翻译。如被要求在文件上签字，应请对方提供中文版本，如无中文版本，应确保对文件内容理解无误后再做决定。

入境惯例

当一国对您入境意图、停留时间、入境次数等有疑问时，即使您已取得该国签证，该国也有权拒绝您入境并拒绝说明理由。

维护权益

如被一国拒绝入境，在等待该国安排适合交通工具返回时，应要求该国提供人道待遇，保障饮食、休息等基本权利。否则如自身正当权益遭到损害或受到不公正对待，可要求与中国驻当地使领馆联系。

常念家人

出行期间要与家人和朋友保持联系，及时向家人更新自己在外旅行日程、联络方式。

在外旅行、居留期间，可选择电话、电邮、短信、微信等多种方式保持与家人和朋友的经常性联系。

出行安全

管好财物

不露富，不炫富。

如乘坐公共交通工具，事先准备好零钱。

不随身携带大量现金、贵重物品，也不在住处随意存放。

最好在白天人多处使用自动取款机，取款时最好有朋友在身边。

妥善保管证件。

丢失银行卡，应立即报警并打电话到发卡银行进行口头挂失，回国后再办理有关挂失的书面手续。

牢记特征

出行如发现可疑情况，留心周围环境的特征，如地点、地形、车辆、人们的行为、衣着等可辨认的细节，以利于意外情况发生后帮助警察抓到罪犯。

严防飞车

上街行走应走人行道，避免靠机动车道太近。

携物（背包、提包等）行走，物品要置于身体远离机动车道的一侧。

在摩托车盛行的国家或地区，应严防飞车抢劫。遭遇飞车抢劫不要生拉硬夺，避免伤害自己。

遵规守则

过马路要走人行横道、过街天桥或地下通道。

走人行横道时，遵守交通规则，确保安全时迅速通过。

在实行左侧通行的国家（如英国、澳大利亚、日本等）要注意调整行走习惯，确保安全。

不要边看地图边过马路。

减少夜行

远离偏僻街巷及黑暗地下道，夜间行走尤其要选择明亮道路。

尽量避免深夜独行，尤要避免长期有规律的夜间独行。

慎选场所

不去名声不好的酒吧、俱乐部、卡拉OK厅、台球厅、网吧等娱乐场所。

慎对生人

不随意搭陌生人便车。

回避大街上主动为你服务的陌生人，不饮用陌生人向你提供的食物、饮料。

安全驾车

夜晚停车应选择灯光明亮且有很多车辆往来的地方。

走近停靠的汽车前，应环顾四周观察是否有人藏匿，提早将车钥匙准备好，并在上车前检查车内情况，如无异常，快速上车。

上车后记得锁上车门，系上安全带。

下车时勿将手包等物品留在车内明显位置，以防车窗遭砸、物品被窃。

配合警察

遇到当地警察拦截检查时，应立即停下，双手放在警察可以看到的地方，切忌试图逃跑或双手乱动。请警察出示证件明确其身份后，配合检查和询问。

妥防勒索

如遭遇警察借检查之机敲诈勒索，应默记其证件号、警徽号、警车号等信息，并尽量明确证人，事后及时向当地政府主管部门和中国驻当地使领馆反映。

结伴出行

最好结伴外出游玩、购物，赴外地、外出游泳、夜间行走、海中钓鱼、戏水时尤其要注意结伴而行。

与众同坐

乘坐公共交通工具时，尽量和众人或保安坐在一起，或坐在靠近司机的地方。

不要独自坐在空旷车厢，也尽量不要坐在车后门人少的位置。

尽量避免在偏僻的汽车站下车或候车。

入乡随俗

穿衣着装要充分尊重当地风俗。在伊斯兰国家，女士严禁着装暴露，不宜穿过露、过紧、过透的衣服。

预防溺水

选择有救生员监护的合格泳场游泳，避免野外随兴下水。

雷雨或风浪大的天气不宜游泳。

独自驾船、筏要备齐救生设备，包括救生衣、呼救通讯设备，并应避免独自驾船、筏赴陌生水域。

乘坐船、筏，要遵守水上安全规定，了解掌握救生设备使用方法，并听从安全人员指挥。

居住安全

合法租房

了解当地房屋租售管理机关名称、职能，按照相关指导租住房屋。

租房应通过合法房屋中介，尽量选择在治安、环境条件较好的住宅区寻租，并签订完备的租住合同。

慎选合租

尽量不与陌生人合租。

与友人合租时应注意保护个人隐私，妥存个人证件，防止银行卡遗失、密码泄漏。

严防陷阱

租房过程中注意留存相关广告、收据、合同等文件证据。

警惕低价出租广告，不因贪图廉价、方便而落入不法房主圈套。

当遭遇租房陷阱、被骗或被盗时，应及时向当地房屋租售管理部门投诉、向警方报案或采取进一步法律行动。

熟悉警局

了解所在区域警署位置、主管警官姓名、报警电话或紧急求助电话，将有关信息记录备用。

针对性防范

了解社区治安状况，根据当地突出问题或频发案件类型，采取对应安全措施，或移租至治安情况较好的地区。

居家提醒

家里不要存放大量额现金。即使家中必须存放保险箱和贵重物品，也不要放置在客厅或门厅，以防不法分子从门口窥视到。

应根据当地社会治安状况，选择安装相应的居室防盗、报警设施，保证居住安全。

独自在家保持门窗关闭（上锁）。

在楼房底层居住尽量选择空调纳凉。

养成就寝时确认水、电、燃气、门、窗关闭（上锁）的良好习惯。

屋外安全

夜间返家应尽量乘电梯不走楼梯。

应在到家之前提前准备好钥匙，不要在门口寻找。

开门前注意是否有人跟踪或藏匿在住处附近死角。若发现可疑现象，切勿进屋，应立刻通知警方。

夜间送朋友回家时应等朋友平安进入后再离开。

慎邀入户

不熟悉的朋友，不轻易带回家。

不为陌生人开门，不让送报员、送奶工等服务人员进门。

预约修理工上门服务时，应选择在有亲友陪伴或告知邻居后进行，不与外来人员谈论个人或家庭情况。

及时求救

遇陌生人在门口纠缠并坚持要进入室内时，可在拒其进入的同时打电话报警，或者到阳台、窗口高声呼喊，向邻居、行人求援。

居家防火

防止易燃气体泄漏引起火灾。使用煤气等可燃气体，室内应具备通风条件。发现漏气现象，切忌使用明火寻找漏源，也不要开灯、打电话，应迅速关闭阀门，打开门窗通风。

防止用电不慎引发火灾。要经常检查家用电器线路、插座，线路老化、受损、插座接触不良均可能导致线路发热引发火灾。不超负荷用电，不用其他导线代替保险丝。

防止烤火取暖引发火灾。不在家中储存大量易燃液体。烤火取暖避免使用汽油、煤油、酒精等易燃物引火。火炉及电暖器周围不堆放可燃物，不在蒸汽管道、取暖器材周围烘烤衣物。老人、小孩烤火需有人监护。

安全出口

进入建筑物时先观察安全出口（紧急通道）位置，尤其是到达住地或下榻酒店时，应首先确认消防设施和安全出口位置，确认紧急通道畅通，以便紧急情况下自救和逃生。

预防触电

家用电器、电源设备等出现故障尽量寻求专业人员修理，避免自行带电维修。

勿用湿手更换灯泡、灯管，勿用湿布、湿纸擦拭灯管、灯泡。

发现有人触电，要立即切断电源。无法切断电源时，不能直接用手拉救，要用木棍使人和带电体脱离。

居家防雷

打雷时，应关闭电视机、电脑，更不能使用电视机的室外天线。雷电一旦击中电视天线，会沿电缆线传入室内，

威胁电器和人身安全。

勿打手机或有线电话，应在雷电过后再拨打，以防雷电波沿通信信号入侵，造成人员伤亡。

不要靠近窗户，或把头、手伸出户外，更不要用手触摸窗户的金属架，以防受到雷击。

野外防雷

若在路上、田野等处遇雷雨天气无法躲避时，最好的应急措施是迅速蹲下，做到身体的位置越低越好，人体与地面接触越小越好，离铁路钢轨、高压线越远越号。

迅速关闭手机，不拨打或接听手机。

医疗安全

购买保险

了解当地医疗制度、费用情况，结合自身身体情况制订适宜的医疗计划，选择购买适合的医疗保险。

应急救治

了解附近药店、医院的具体位置，熟记当地的急救电话，并将相关信息记录留存备用。

关注疫情

关注当地报纸、电视等新闻媒体，了解有无爆发疫情。

饮食卫生

日常生活注意饮食卫生，照顾好自己的身体。

不吃不新鲜的食物和变质食物，不吃陌生人交给的食物，不吃捡拾得来的食物，不采摘食用蘑菇和其他不认识的食物。

注意食品保质期和保质方法。加工菜豆、豆浆等豆类食品时须充分加热。不吃发芽、发霉的土豆和花生。保持饮用水和厨房用水清洁干净，否则，应把水煮沸或进行消毒处理后饮用。

中毒救治

发生食物中毒，应立即停止食用可疑食品，赴医院寻求专业救治，或在专业人员指导下，采取饮水、催吐、导泻等方法进行自救。

尊重风俗

伊斯兰国家禁酒，禁止食用动物血液、猪肉和有利齿利爪的猛兽（如狗肉）、非反刍动物（如驴肉）或自死动物（包括因打、摔、触、勒、电等原因而死的动物）。

抑制传染病

有效抑制传染病的流行，关键在于切断传染病的传播链：即控制传染源、切断传播途径、保护易感染人群。

预防先行

养成讲卫生的好习惯，注意个人卫生、食品卫生、环境卫生。

加强身体锻炼，提高免疫能力。

按规定接种疫苗。对传染病人要早发现、早报告、早治疗、早隔离。防止交叉感染。

突发事件应对

应对袭击（偷盗、抢劫、行凶、人身侵害）

在公共场所遭遇袭击，要大声呼救，喝阻坏人，为己壮胆，伺机摆脱。

在偏僻地方遭遇袭击，切记保命为重，避免为保全身外之物而遭受人身伤害。

牢记报警：记住不法分子、相关交通工具及周围环境的特征，尽快报案。报案既是为自己，也是为他人，避免因不愿报案，在当地形成中国人胆小、好欺负的印象。

还要向中国驻当地使领馆反映情况，便于使领馆及时向当地有关部门提出交涉。

及时与家人、朋友联系，告知案情。避免家人、朋友因信息不畅被不法分子借机欺骗、敲诈。

应对恐怖袭击

沉着冷静，不要惊慌。

遭遇炸弹爆炸：应迅速背朝爆炸冲击波传来方向卧倒，如在室内可就近躲避在结实的桌椅下。爆炸瞬间屏住呼吸、张口，避免爆炸所产生的强大冲击波击穿耳膜。寻找、观察安全出口，挑选人流少的安全出口，迅速有序撤离现场。及时报警。

遭遇匪徒枪击扫射：应快速降低身体姿势，利用墙体、立柱、桌椅等掩蔽物迅速向安全出口撤离。来不及撤离就迅速趴下、蹲下或隐蔽于掩蔽物后，迅速报警，等待救援。

遭遇有毒气体袭击：尽可能利用环境设施和随身携带的手帕、毛巾、衣物等遮掩口鼻，避免或减少毒气侵害。尽可能戴上手套，穿上雨衣、雨鞋等，或用床单、衣物遮住裸露的皮肤。尽快寻找安全出口，迅速有序地撤离污染源或污染区域，尽量逆风撤离。及时报警，请求救助，并进行必要的自救互助，采取催吐、洗胃等方法，加快毒物的排出。

遭遇生物恐怖袭击：应迅速利用手帕、毛巾等捂住口鼻，最好能及时戴上防毒面罩，避免或减少病原体的侵袭和吸入。尽快寻找安全出口，迅速撤离污染源或污染区域。及时报警，请求救助。

应对火灾

熟记所在国火警电话，遭遇火灾时应迅速报警求救。

在烟火中逃生要尽量放低身体，最好是沿着墙角匍匐前进，并用湿毛巾等捂住口鼻。必须经过火场逃离时，应披上浸湿的衣服或毛毯、棉被等，迅速脱离火场。

三楼以下楼房逃生时，可以用绳子或床单、窗帘拴紧在门窗和阳台的构件上，顺势滑下。或者利用结实的竹竿、室外牢固的排水管等逃生。

若逃生路线被封锁，应立即返回未着火的室内，用布条塞紧门缝，并向门上泼水降温。同时向窗外抛扔沙发垫、枕头等软物或其他小物件发出求救信号，夜间可通过手电发出求救信号。

公共聚集场所发生火灾，应听从指挥，就近向安全出

口方向分流疏散撤离，千万不要惊慌拥挤造成踩踏伤亡。在人群中前行时，要和人群保持一致，不要超过他人，也不要逆行。若被推倒在地，首先应保持俯卧姿势，两手抱紧后脑，两肘支撑地面，胸部不要贴地，以防止被踏伤，条件允许时迅速起身逃离。

高层建筑发生火灾，应用湿棉被等物作掩护快速向楼下有序撤离。应选择烟气不浓，大火未烧及的楼梯、应急疏散通道逃离火场。必要时结绳自救，或者巧用地形，利用建筑物上附设排水管、毗邻阳台、临近的楼梯等逃生。在无路可逃的情况下，到室外阳台、楼顶平台等待救援。不能乘电梯逃生。

汽车发生火灾，应迅速逃离车身。如车上线路烧坏，车门无法开启，可就近自车窗下车。如车门已开启但被火焰封住，同时车窗因人多不易下去，可用衣服蒙住头部从车门处冲出去。

地铁发生火灾，应利用手机、车厢内紧急按钮报警，并利用车厢内干粉灭火器进行扑救。无法进行自救时，应听从指挥，有序地安全逃生。不要大喊大叫、惊慌失措，也不能自行驶中的列车车窗跳下。

应对洪水

提早撤离，紧急时登高躲避，危机时就近攀爬树木、高墙、屋顶（不要爬到泥坯房屋顶），不要惊慌失措，不要游泳逃生，不要接近或攀爬电线杆、高压线铁塔。

携带可长期保存的食品、足够的饮用水和其他生活必需品。

用可漂浮物自救。如被洪水卷走，尽可能抓住固定或漂浮物品。

移动电话可以寻求救援。如情况允许，应将移动电话充足电并使用塑料袋密封包裹，以保证电话的正常使用。

身着醒目的衣服便于搜救人员识别、寻找。选择衣服时，要注意衣服颜色与附近房屋屋顶颜色、植物颜色相区别。

应对地震

地震发生时应沉着冷静，不要惊慌。

如果在室内，迅速关掉电源、气源。蹲下，寻找掩护并抓牢——利用写字台、桌子或者长凳下的空间，或者身子紧贴内部承重墙作为掩护，双手抓牢固定物体。如果附近没有写字台或桌子，用双臂护住头部、脸部，蹲伏在房间的角落。远离玻璃制品、建筑物外墙、门窗以及其他可能坠落、倒塌的物体，例如灯具和大衣柜等。在晃动停止并确认户外安全后，方可离开房间。不要站在窗户边或阳台上。不要跳楼或破窗而出。切勿使用电梯逃生。

如果在室外，远离建筑区、大树、大型广告牌、立交桥、街灯和电线电缆，之后待在原地不动。

如果在开动的汽车上，在确保安全的情况下，尽快靠边停车，留在车内。不要把车停在建筑物下、大树旁、立交桥或者电线电缆下。不要试图穿越已经损坏的桥梁。地震停止后小心前进，注意道路和桥梁的损坏情况。

如果被困在废墟下，要坚定意志，就地取材加固周围的支撑。不要向周围移动，避免扬起灰尘。用手帕或布遮住口部。敲击管道或墙壁以便救援人员发现。可能的话，请使用哨子。在其他方式都不奏效的情况下再选择呼喊——因为喊叫可能使人吸入大量有害灰尘并消耗体能。不在封闭室内使用明火。

应对台风、飓风

台风（飓风）到达前，要随时通过电台、电视了解台风（飓风）移动情况及政府公告，确保门窗牢固，熟悉安全逃离的路径和当地的避难所，准备不易变质的食品及罐装水、自救药品和一定现金，保证家用交通工具可正常使用，并加足燃料，随时听从政府公告撤至安全区域。

台风（飓风）来临时，应紧闭门窗，关闭室内电源，尽量避免使用电话、手机。远离门窗和房屋的外围墙壁，躲到走廊、空间小的内屋、壁橱中，或者地下室或半地下室。不要外出。

如在室外，请不要在大树下、临时建筑物内、铁塔或广告牌下避风避雨。不要在山顶和高地停留，要避开孤立高耸的物体。

如在水上，应立即上岸。

如在汽车上，立即离开汽车，到安全住所内躲避。

如在公共场所，要服从指挥，有秩序地向指定地点疏散。

未收到台风（飓风）离开的报告前，即使出现短暂的平息仍须保持警戒。

台风（飓风）过后，应注意检查煤气、水、电路的安全性，不使用未被确认为安全的自来水，不要在室内使用蜡烛等有火焰的燃具。室外行走遇路障、被洪水淹没的道路或不坚固的桥梁，应绕行，并注意静止的水域很可能因为电缆或电线损坏而具有导电性。

特殊地理环境、气候应对

应对热带雨林气候

提前做好疾病疫苗注射，准备驱湿防暑药品，多喝些淡盐水、吃些清淡食品，保持身体健康，提高免疫能力。

防病：准备必要的药品，如蛇药片、预防疟疾药品、肠胃药、白药、酒精、碘酒、药棉、纱布绷带等。携带充足的饮用水，如需取用自然水源，请务必加热煮沸。

防蛇咬：用木棍拨打草丛，将蛇惊走。一旦不小心被毒蛇咬伤，不要惊慌，要及时寻求专业医疗救治，并在此前迅速自救。自救处置，应先把伤口上方（靠心脏一方）用绳或布带缚紧，再用力挤压伤口周围的皮肤组织，将有毒素的血液挤出，然后可用清水、唾液洗涤伤口，同时可服下解蛇毒药片，并用药片涂抹伤口。

避雷击：如果在雨林中遇到雷雨，可到附近稠密的灌木带躲避，不要躲在高大的树下。避雨时应把金属物暂存放到附近一个容易找到的地方，不要带在身上。

防蚊：不穿短衣裤，应扎紧裤腿和袖口。当夜幕降临

时，最好支起帐篷或蚊帐睡觉，以防蚊虫叮咬。

防水蛭：在鞋面上涂肥皂、防蚊油可防止水蛭上爬，大蒜汁也可驱避水蛭。喝开水，防止生水中水蛭幼虫体内寄生。如被水蛭叮咬，勿用力硬拉，可拍打使其脱落。也可用肥皂液，浓盐水，或用火烤使其自然脱落。压迫伤口止血，或用炭灰研成末或捣烂嫩竹叶敷于伤口。

应对寒冷气候

防雪盲：备墨镜，太阳镜

防干：润肤露和润唇膏

防冻：风雪天外出应戴上手套、防寒帽、耳朵套。保持脚部的温暖干燥，袜子湿了要及时更换，风大时应停止户外活动。经常按摩揉搓冻伤部位以促进血液循环。在高海拔地区，可补充吸氧，促进血液循环。

应对高原环境

患有严重心肺疾病者应避免前往高原地区。

保持良好心态，消除恐惧心理，避免过度紧张。

限制体力消耗，避免剧烈运动，保持良好食欲及体重平衡。

保证充足睡眠，不要暴饮暴食，不要酗酒，刚到达高原地区几天内不要洗澡。

在专业人员指导下服用抗高原反应药物。适当吸氧。当反应症状加重时，应及时到医院就诊。

第二章　中国公民海外文明指南

中国公民海外文明社交指南

相互尊重

以良好的修养，展现自尊自信。热情坦诚、以礼相待，在友善待人的同时赢得他人的尊重。

真诚相待

诚实守信，表里如一。以真诚为纽带，促进人与人间信息传递、情感交流、思想沟通。

宽容大度

心胸豁达，宽以待人。多为他人着想，体谅他人难处。

严于律己

交往中清楚自己该做什么，不该做什么，己所不欲，勿施于人。

把握分寸

以平等的态度对待交往对象，以大方得体、不卑不亢为待人接物尺度。既不必自吹自擂、自我标榜，也不要妄自菲薄、自我贬低、过度谦虚客套。

尊重差异

从不同民族、不同国家的社会文化背景出发，了解其礼仪文化差异，了解具体交往对象的不同风俗习惯、宗教

信仰和交往禁忌，并给予尊重。

积极融入

主动与居住地人民交流，对居住地的风俗习惯尽量做到入乡随俗，积极融入当地社会，拓宽平安、和谐发展空间。

心系祖国

爱国情怀历久弥新，民族自尊心、自豪感永存心间。不做有辱国格的事，不说有辱国格的话。弘扬中华民族优秀文化，做文明中国人，从日常做起，日积月累，形成习惯。

中国公民海外文明举止指南

讲究仪容仪表

不在公共场合脱去鞋袜，袒胸赤膊，不毫无掩饰地剔牙。不在卧室以外穿着睡衣，不对别人打喷嚏，不在妇女和儿童面前吸烟，不把烟雾喷向他人。

注重个人修养

不语言粗俗，恶语伤人。礼让老弱病残，礼让女士。尊重服务人员劳动。不长时间独占公共设施。不强行与他人合影。

遵守公共秩序

不在公共场所高声呼朋唤友、猜拳行令、扎堆吵闹，或高声接打电话。排队时不跨越黄线，不插队加塞。乘坐交通工具时不争抢拥挤。

尊重风俗习惯

不在教堂、寺庙等宗教场所嬉戏、玩笑。与人谈话应避免问及年龄婚否、收入财务、信仰情感等个人私密情况。在伊斯兰国家，女士不宜着装暴露。

爱护公共设施

不损坏公共设施，不踩踏绿地，不摘折花木和果实。不在文物古迹上刻涂，不攀爬触摸文物。

遵守公共规定

不在公共场所和禁烟区吸烟。不在禁止拍照的地区拍照留念。

维护环境卫生

不乱扔垃圾、废弃物，乱倒污水。不随地吐痰、擤鼻涕、丢烟头、吐口香糖。上厕所后冲水。

讲究环保节约

节约用水用电。吃自助餐时一次取食不要太多，吃完后再适量取用，避免在面前摆放多个盛满食物的餐盘，避免浪费。

奉行健康娱乐

拒绝参与色情、赌博活动，拒绝吸食毒品。

中资企业机构海外文明指南

树立风险意识

全面了解所在国家政治、经济、文化、法制、社会和治安环境，正确评估企业和人员面临的日常安全风险，建立有效的风险防控机制，警钟长鸣，确保生产和经营顺利，机构和人员安全。

明确安全成本

保证人员、财产安全是企业海外经营的头等大事，安全成本是企业运营成本的一部分。应根据当地实际情况，加大安全投入，制定落实安全措施，定期排查安全隐患，进行安全教育培训，并为员工购买人身意外及医疗保险。

坚持守法经营

注意维护国家和企业形象，注重企业长远利益，遵守当地法律法规，摒弃违法短视行为。树立合法用工理念，为员工办理与其身份相符的签证、居留等手续，保障员工根本权益。

履行社会责任

正确把握企业发展和回馈社会的关系，重视履行企业社会责任，坚持有取有予的企业发展道路，注重环境保护，兼顾当地利益，发展当地就业，尊重、善待当地雇员。

提倡诚实守信

坚守商业道德，拒绝伪冒假货，远离坑蒙欺骗、行贿索贿。加强中资企业间团结，避免恶性竞争、相互拆台。与当地社会群体、个人发生纠纷时，应要求员工保持克制，采取措施避免矛盾激化，充分利用法律武器维护企业和员工合法权益，并及时与驻外使领馆取得联系。

共建和谐世界

广交朋友，增进友谊，努力扩大与当地社会的利益交汇点。加深互信、共同发展、互利共赢，拓宽企业和谐发展空间，共享平安与繁荣。

第三章　中国公民海外领事保护与服务问答

什么是领事保护?

（1）领事保护是指中国政府和中国驻外外交、领事机构维护海外中国公民和机构安全及正当权益的工作。

领事保护的实施主体是中国政府及其派驻国外的驻外使领馆。中国目前有260多个驻外使领馆，他们都是实施领事保护的主体。

领事保护的方式主要是通过外交途径向驻在国当局提出交涉、表达关切或转达当事人诉求，敦促其依法、公正、及时、妥善地处理。

领事保护的法律依据，主要包括公认的国际法原则、有关国际公约、双边条约或协定以及中国和驻在国的有关法律法规。

领事保护的内容是中国公民、法人在海外的合法权益，主要包括：人身安全、财产安全、必要的人道主义待遇，以及与我国驻当地使领馆保持正常联系的权利等。公民要求获得超出所在国国民待遇或因从事非法活动造成的法律后果等，不属于领事保护合法权益的范围。

（2）在实践中，领事保护一般针对海外中国公民安全和合法权益受到严重威胁或侵害的情况，如驻在国发生政

局动荡、自然灾害、重大事故等危及海外中国公民的安全和合法权益；领事协助一般针对中国公民因客观原因或者自身原因陷入困境的情况，如海外中国公民因疏忽大意丢失财物等造成的暂时经济困难；领事服务一般指为海外中国公民提供的证件办理、民事登记等服务，如换/补发旅行证件、办理公证/认证、婚姻登记等。

什么人可以得到中国政府的领事保护？

凡是依照《中华人民共和国国籍法》具有中国国籍者，都可以请求获得中国政府的领事保护。也就是说，只要是中国公民，无论是大陆居民，还是香港、澳门和台湾同胞，无论是定居国外的华侨，还是临时出国的旅行者，无论是在国外学习的留学生，还是务工人员，都是领事保护的对象。

中国公民在何种情况下可以请求领事保护？

中国公民在其他国家境内的行为主要受国际法及所在国当地法律约束。中国公民（包括触犯当地法律的中国公民）在当地合法权益受到侵害，在已经自行采取必要措施仍不能有效维护自身合法权益时，即可向中国驻外使领馆请求领事保护。

中国公民怎样能获得中国政府的领事保护？在寻求领事保护时应注意些什么？

如果中国公民的合法权益在所在国受到侵害，或遭遇不测需要救助，可以就近联系中国驻外使领馆，反映情况和有关要求。使领馆将在工作职责范围内提供领事保护。如中国公民的行为违法，或因自身行为不当导致自己及他人陷入危险境地，或滥用领事保护，使领馆有权对提供的领事保护做出限制。

权利和义务不可分离。对海外中国公民而言，每位公民都有寻求和获得领事保护的权利，但也应承担相应义务和法律责任。主要应注意以下几方面：

（1）应对个人的出行选择、人身安全、资金安全和在海外的行为承担自身责任，应严格遵守当地和中国的有关法律法规；

（2）应立足于当地救助。首先设法寻求所在国警方或司法部门的保护与协助以尽快摆脱困境，如上述部门不作为或者有不公正行为，再寻求使领馆介入并实施领事保护和协助；

（3）应关注并听从外交部及中国驻外使领馆发出的安全提醒，当所在国发生严重事态，外交部及有关驻外使领馆提醒当地中国公民尽快撤离时，应及时响应，选择适当渠道撤离，避免陷入危险境地；

（4）要求中国驻外使领馆实施领事保护时，必须提供真实信息，不能作虚假陈述；

（5）在主观上有接受领事保护的意愿。使领馆在实施领事保护时必须遵循当事人自愿原则，充分尊重当事人的意愿；

（6）诉求不应超出所在国国民待遇水平。使领馆在实施领事保护时不能帮助当事人获得比所在国国民更好的待遇；

（7）不能干扰外交部或驻外使领馆的正常办公秩序，应尊重外交、领事官员；

（8）依法缴纳办理各种证件、手续的相关费用；

（9）使领馆提供的律师、翻译、医生名单仅供参考，并不必然保证其服务质量达到预期。可另行选择其他律师、翻译和医生。

在国外遭遇恐怖袭击、严重自然灾害、政治动乱等紧急情况时，应如何寻求领事保护？

（1）立即与就近的中国驻该国使领馆取得联系，以获得最新相关信息并进行注册登记。如家人在国外失去联系，请立即与中国驻当地使领馆取得联系，以获得最新相关信息，并提供家人详细个人信息和联系方式等，以便使领馆协助查找。使领馆将在必要及可能时协助中国公民（含死伤人员）撤离危险区域（不一定是回国）。

（2）妥善保存自己的重要证件和文件，包括护照、出入境记录、保险和银行记录等。

（3）检查护照、签证是否有效，如需更新护照请即到使领馆办理。

（4）将存放家中或随身携带的重要证件和资料双备份，以防万一。同时要保证自己驾驶的汽车安全及行驶正常，并储备必要的食品和药品。

（5）不要消极等待。如尚有安全方式离开，应立即行动。

在国外发生交通、工伤等事故时，如何处理？

应立即向当地警方报案或通知雇主，并要求其通知亲友或中国驻该国使领馆。可要求领事官员敦促所在国当局尽快调查事故原因，或提供律师、医生等名单，以便后续处理。

在海外受到人身侵害，该怎么办？

应立即向当地警方报警，并索要一份警察报告（报警记录）复印件。同时与律师或医生（如需就医）联系，向中国驻当地使领馆反映情况。领事官员可以提供以下帮助：安排适当人员（如有性别要求）听取受害情况并承诺保护个人隐私；敦促警方尽快破案；了解案件进展情况；提供律师和翻译的名单；提供医院名单；补发丢失或受损的旅行证件；协助与家人、朋友或雇主联系；寻求当地社会救助。但是，领事官员不能调查案件或干涉当地法庭的审理，不能代替出庭，不能充当翻译，也不能代替支付律师费、医疗费或其他相关费用。

在居住国被拘留、羁押或监禁，该怎么办？

如需要面见中国使领馆领事官员，应首先向所在的警察、监狱部门提出。领事官员将根据请求前往探视，并保护其合法权益，如人道待遇、公平待遇等。领事官员还可

以帮助与亲友取得联系，提供当地律师名单。但是，领事官员不能干涉当地法律程序，不能代替进行诉讼。

持有效护照及签证在目的地国入境、出境或过境受阻时，如何寻求帮助？

首先应向当地主管部门如实说明入出境或过境事由，同时了解受阻原因。如果不懂当地语言，可要求对方提供翻译服务。如果请求仍然得不到有关部门的回应，可要求与中国驻当地使领馆联系，寻求帮助。使领馆领事官员将向有关当局了解情况，视情反映，或进行必要交涉，但不能保证一定会被放行。如交涉未果，应理智接受当地主管部门的决定；如确系受到对方不公正对待，要注意收集和保存证据，以便日后诉诸法律解决。

非法进入或滞留他国，既无有效证件，也无经济来源时，如何办理回国手续？

应向中国驻当地使领馆如实报告本人真实、详细情况，包括姓名、出生日期、出生地、职业、家庭住址、联系电话、非法出境或滞留经过等。待原居住地公安机关核实、确认身份后，领事官员可颁发回国旅行证件。如果家属已垫付回国费用，领事官员可协助购买回国机（车、船）票。

中国护照在海外遗失、被偷或被抢时，怎么办？

请立即向当地警察部门报案，以便向当地移民局申请出境签证时备用，同时向就近的中国驻当地使领馆申请补发护照或旅行证，以供回国使用。申请补发护照或旅行证所需的有关材料为：本人完整、准确填写的《中华人民共和国护照 / 旅行证 / 回国证明申请表》、护照遗失 / 被盗抢的情况说明及照片。另外，请尽量提供原护照复印件或其他个人身份材料。

注意：买卖、转让、伪 / 变造、故意损毁中国护照是违法行为，涉案人将承担相应法律责任。

在海外遇到经济困难时，能寻求使领馆帮助吗?

中国公民在国外的费用应由自己负责解决。如果因被盗、被抢等原因出现暂时经济困难，可向亲戚、朋友借款或通过家人汇款解决。如确有必要，也可与中国驻当地使领馆联系，让家人汇钱至使领馆或外交部，并通过其转交。如确无法及时得到亲友救助，中国驻外使领馆可以提供小额垫款。受助中国公民须签署“还款保证书”并提供国内还款人有效联系方式，回国后在约定时间内还款。

家人在海外死亡，如何处理?

（1）可通过领事官员或亲友了解家人死亡原因和遗物（遗嘱）情况，并协助向当地有关部门申请获得死亡证明书等证明文件。中国驻当地使领馆可应申请为上述证明文件

办理领事认证。领事官员不能调查死亡原因。如对死因有疑问，可聘请当地律师向当地司法部门提出，请其作出合理解释或重新进行调查；亦可请领事官员协助向当地政府有关部门转交书面意见，请其对意见予以关注或将意见转达给当地司法机关。

（2）如死亡涉及刑事案件并已在当地提起诉讼，应聘请律师，密切跟踪庭审情况，同时可请领事官员协助关注案件，并在当地法律允许的情况下旁听庭审。如对庭审情况或判决结果不满，可请律师协助上诉，同时也可通过领事官员协助向当地有关部门转达意见。但是，领事官员不能调查案件，也不能代替出庭。

（3）可前往当地处理有关善后事宜，但一切费用（含国际旅费、食宿及市内交通费）须自理；赴有关国家的签证、宾馆预订、接送等手续须自行办理，亦可请有资质的旅行社协助；在国外如需翻译，使领馆可提供翻译名单，但费用须自理。

（4）如果因故（如被拒签、无足够旅费等）不能前往当地处理后事，可委托在当地的亲友代办遗体火化、骨灰和遗物送回等事宜；如当地主管部门要求，应提供经国内公证机关公证并经外交部（或其委托的地方外办）以及有关国家驻华使领馆认证的授权委托书。如当地法律法规允许，亦可委托领事官员代为处理上述事宜（费用需自理），但应事先提供经国内公证机关公证并经外交部或其委托的地方外办认证的授权委托书。

（5）如果希望将遗体运回国，中国驻当地使领馆可向提供办理运送遗体事务的公司名单。运送遗体的费用需要自行承担。

（6）由于国外法律规定不同，如家属长期不处理遗体，不仅无助于问题解决，当地有关部门还可能根据当地法律规定，在一定期限内将遗体进行埋葬或火化。

（7）死亡案件的处理时间可能很长，在这种情况下，您可聘请当地律师跟进处理。中国驻当地使领馆只能在职权范围内转告当地主管部门所提供的案件处理情况。

在国外突发重病或精神病，如何求助？

如果在国外突发重病或精神病，应迅速拨打当地急救电话，前往当地医院治疗。中国驻当地使领馆可以协助提供当地医院名单；可协助通知国内家属或单位。如果要回国治疗，经当地医院及有关航空公司同意，使领馆可协助联系航空公司予以适当关照，机票等相关费用由本人承担。

与在国外的家人长期失去联系，可以请中国驻当地使领馆协助寻找他们的下落吗？

如果已通过各种途径长期无法联系上在国外的家人，中国驻当地使领馆可以在力所能及的情况下提供协助。目前中国政府没有强制要求所有海外公民到中国驻外使领馆进行公民登记，再加上他们的工作、住址和电话常有变动，因此，中国驻外使领馆协助寻亲十分困难。有时，即使找

到家人，他（她）本人却不愿与您联系。在这种情况下，领事官员可以传递一些信息，或在征得亲友同意的情况下将其联络方式转告。

中国驻外使领馆是否可以解决海外中国公民遇到的一切困难？

中国驻外使领馆为海外中国公民提供领事保护和协助，应该在有关国际法、驻在国和中国的法律框架内进行。中国驻外使领馆是国家的外交代表机构，在驻在国没有行政和司法权力，不能使用强制手段，不能代替个人主张其权利，只能通过外交途径敦促驻在国依法、公正、公平处理有关案件。使领馆积极协助当事人维护合法权益，但不能超越领事职务的权限。

Part 5

第五部分 涉外礼仪注意事项

第一章　涉外礼仪讲究与禁忌

外礼仪，一般指的是中国人在与外国人进行交际应酬时所须遵守的人际交往的行为规范。作为涉外交往的标准的、规范的做法，它好比“国际交通规则”，是每一位涉外人员均须自觉恪守的，侨务工作者经常参加涉外交往，尤其应当注意涉外礼仪。

遵守涉外礼仪，主要作用有：首先，有助于维护个人形象、单位形象和国家形象；其次，有助于展示自身的良好教养与素质；再次，有助于增加中外双方的相互了解与信任；最后，有助于发展交往双方之间的友谊。涉外礼仪，主要适用于较为正式的涉外场合，并且具有极强的可操作性。在学习涉外礼仪时，既要了解其主要的讲究，又要回避其基本的禁忌。简而言之，就是要明确在同外国人打交道时，应当如何“有所为”“有所不为”。

关于穿着打扮

在涉外交往中，每个人的穿着打扮均被视为其自身教养的最为形象的说明，并且被视为与自己对交往对象尊重的程度有关。

重要的讲究

三色原则

在正式场合，涉外人员尤其是男士，应当有意识地分自己全身衣着的色彩，在总量上限制在三种之内。涉外人员全身衣着的色彩若多于三种，未免令人眼花缭乱，因而很难给人以庄重之感。

三一律

男士在涉外场合着正装时，应当尽可能地使自己的皮鞋、腰带以及手包为同一色彩，并且以三者同为黑色最佳。越是有身份者，在涉外活动中越要注意此点。

三大场合

参加涉外活动时，切不可使自己的穿着打扮以不变应万变，而是应当根据本人所处的具体场合的不同而令其有所区分。按照常规，涉外人员的穿着打扮主要有下述三大场合之分：

其一，公务场合。公务场合，即上班办公的时间。公务场合的穿着打扮，应以庄重、保守为总体风格。在此场合，涉外人员的着装宜为套装、制服或者套裙。具体而言，男装宜为蓝色或灰色的西装套装、制服，女装宜为单色的套裙、连衣裙或者制服。

其二，社交场合。社交场合，在此是指公务活动之余的交往应酬的时间。社交场合的穿着打扮，应以时尚、个性为总体风格。在宴会、舞会、相互拜访以及聚会等常见

的社交场合，涉外人员宜着时装与礼服。目前，深色中山装套装与单色旗袍，可分别作为中方男女人员的“准礼服”在隆重的社交场合使用。

其三，休闲场合。休闲场合，泛指公务活动之余的个人自由活动的时间，如居家、健身、游览、逛街、购物，等等。休闲场合的穿着打扮，应以舒适、自然为总体风格，往往可以由人们自行决定。在休闲场合，运动装、牛仔装、夹克衫、T 恤衫等乃是最适当的选择。

首饰佩戴

参与涉外活动时，涉外人员所佩戴的首饰必须符合身份，以少为佳。在公务场合，女士通常不宜佩戴珠宝首饰以及耳环、脚链等女性化首饰，它们仅仅适用于社交场合。应当注意的是，在佩戴首饰时，通常不宜多于三种，每种应以两件为限。佩戴多种、多件首饰时，应当尽量使之质地、色彩相同。

女性的化妆

在参加涉外活动时，女士一般应当化妆。在国际交往中，化妆不仅意味着自尊自爱，而且也是对交往对象重视有加的一种表示。在公务场合，宜化淡妆；在社交场合，化妆可以稍浓一些；在休闲场合，则没有必要化妆。三者不宜一概而论。

重要的禁忌

着装六忌

在公务场合，涉外人员的着装应当避免过于杂乱、过于鲜艳、过于暴露、过于透视、过于短小、过于紧身，此为着装六忌。女士在涉外公务活动中，着装尤忌“六露”，即忌讳露胸、露肩、露脐、露背、露脚趾、露脚跟。

关于西装

在正式场合，男士以穿深色单排扣西装、白衬衫、黑色皮鞋为佳。穿西装时，最好不要内穿羊毛衫，不要穿布鞋或凉鞋，不要背背包。凡站立时，一定要扣上西装的纽扣。西装上衣外侧的衣兜里不宜别钢笔。西装上衣衣袖上的商标必须拆去。

关于领带

穿西装套装时，一定要打领带。在公务场合宜打单色或带有几何图案的领带，最好不使用“一拉得”或“了卡得”领带、打好之后的领带，不应长过腰带。在一般情况下，没有必要使用领带夹。夹领带夹时，宜令其处在七粒扣衬衫从上往下数的第四与第五粒衣扣之间，它的位置越向上越不好。

关于鞋袜

参加正式活动时，一般不宜穿凉鞋、拖鞋或旅游鞋，赤脚不穿袜子也不合适。男士穿西装时，通常忌穿尼龙袜与白色的袜子。女士穿裙服时，切勿穿残破的袜子、两双

袜子，或者以健美裤代替袜子。女士穿裙子时，袜口如果外露，既不雅观，又不礼貌。

关于会面

在涉外活动中与外国友人初次会面时，有必要遵守有关的会面礼节。

介　绍

在涉外交往中，介绍分为自我介绍与介绍他人两种，其具体要求各有不同。

自我介绍

进行自我介绍时，有两点尤须注意：其一，言简意赅。自我介绍，通常愈简洁愈好，一般不应当使之长于一分钟；其二，内容完整。在公务场合所使用的自我介绍，大体上应同时包括本人的所在单位、具体部门、担负职务以及完整姓名等四项基本内容。它们应被“一气呵成”，缺一不可。

介绍他人

介绍他人时，最重要的礼仪问题是被介绍双方的先后次序。基本的规则是“尊者居后”，即介绍女士与男士时，应先介绍男士后介绍女士；介绍长者与晚辈时，应先介绍晚辈后介绍长者；介绍上司与下级时，应先介绍下级后介绍上司；介绍客人与主人时，则应当先介绍主人后介绍客人。

在外事接待中，若宾主双方不止一人，仍须先介绍主方人员，后介绍客方人员。不过在介绍各方人员时，一般应当依照其职务、身份的具体高低，由高而低地依次进行。

握　手

见面与分手时，人们大都以握手为礼。在握手时，下列两点应予以重视。

先后顺序

行握手礼时，双方伸出手来的先后顺序至关重要。它的基本规则是“尊者在前”，即女士与男士握手时，应由女士首先伸手；长者与晚辈握手时，应由长者首先伸手；上司与下级握手时，应由上司首先伸手。宾主双方握手时的情况比较特殊：客人抵达时，应由主人首先伸手，以示欢迎；客人告辞时，则应由客人首先伸手，以示请主人就此留步。应当指出的是，握手时伸手的先后顺序分男女、论长幼，仅限于社交、休闲场合；在公务场合，通常是只看职务、只分宾主的。

主要禁忌

在公务场合与外国人握手时，有下述六种主要禁忌不宜冒犯：其一，心不在焉；其二，使用左手；其三，戴着手套；其四，戴着墨镜；其五，用双手与异性相握；其六，多人同时握手时出现交叉图案。

名　片

在公务活动中，与初识者互换名片，是一种交际惯例。宾主双方对此皆应“有备无患”。

递上名片

把自己的名片递给外国人时，有四点注意事项：其一，应当起身站立，递到对方手中；其二，应当使用双手，或是使用右手；其三，应当以文字正面面对对方；其四，应当注意顺序。通常，双方交换名片时，应由位低者首先送上自己的名片；当一人与多人同时交换名片时，则应当由尊而卑或者由近而远依次而行。

接受名片

接受名片的基本讲究有：其一，应当起身站立，或迎向对方；其二，应当使用双手，或者使用右手；其三，应当在接过名片后将其认真捧读一遍；其四，应当将其毕恭毕敬地收好；其五，应当随后回敬对方一张自己的名片。

主要禁忌

用于涉外交往的名片，一般不宜印上本人照片、格言警句或私宅电话号码，并且不应当在其上涂涂改改，加加减减。

接受外宾的名片时，不宜当面将其置于桌上、裤袋之内，或是将其交给他人传阅。

话　题

与外国人交谈时，应对具体选择的话题认真地加以斟酌。

忌选的话题

以下三类活题，不宜在同外国人交谈时选择：其一，格调不高的话题。诸如灾祸、凶杀、惨案、绯闻，等等；其二，非议他人的话题。“来说是非者，必是是非人”，外国人往往对此也有同感；其三，涉及隐私的话题。收入、年龄、婚恋、健康、住址、经历等个人隐私话题，尤其不宜主动提及。

宜选的话题

与外国人交谈时，选择下述三类话题，一般均不会出现问题：其一，交往对象所擅长的话题；其二，轻松愉快的话题。如体育、比赛、影视娱乐、休闲度假、时尚流行、风土人情、烹饪小吃、天气状况，等等；其三，格调高雅的话题。哲学、历史、地理、文学名著等格调高雅的话题在交谈中均可涉及，但切勿不懂装懂或班门弄斧。

关于座谈

在涉外交往中，座次的具体排列往往多有讲究。

基本的讲究

排列座次时，国内外的基本做法有所不同。在涉外场

合排列座次时，一般均应遵守国际惯例。

我国传统做法

在排列并排的座次时，我国的传统做法是“以左为上”，即认为居左之位高于居右之位。当前，国内在举行会议及正式合影时，仍多沿用此法。

国际通行做法

并排排列座次时，国际上的通行做法是“以右为上”，即认为居右之位高于居左之位。在涉外场合，它已被广泛采用。

具体的操作

会见客人

会见客人时，标准的做法应为主人与主宾在室内面对正门并排而坐，主宾居右，主人居左。宾主双方的其他随员则应分别在自己的上司一侧依其职务的高低依次排开。

倘若主人与主宾在室内不是面对正门，而是在正门的右侧或左侧并排就座时，通常讲究“以远为上”或者“居中为主”，即要么以距门远者为上位，要么以居中而坐着为上位。

正式谈判

举行双边正式谈判时，若谈判桌在室内横放，则客方人员应面门而坐，主方人员应背门而坐。除主宾、主人居中对面而坐外，双方的其他人员应依其具体身份的高低，各自先右后左、自高而低地分别就座在自己的上司一方。按惯例，双方的翻译应分别在主宾、主人右侧的第一个位置上就座。

若谈判桌在室内竖放，则应以进门时的方向为准，右侧请客方人员就座，左侧则由主方人员就座。其他方面的做法，均与前者相似。

签字仪式

举行双边签字仪式时，签字桌往往在室内横放，双方人员应在室内面对正门位于签字桌之后并排排列。双方签字人员通常应居中而坐，客方签字人员居右，主方签字人员居左。双方的其他随员各自站立于己方签字人员身后。

举行多边签字仪式时，签字桌仍在室内横放，签字席仍须面对正门，但只设一个。各方人员均应在室内面对签字席、背对正门就座。正式签字时，各方签字人员应以一定顺序依次走上签字席就座签名，随后退回原处。

合影留念

在正式场合中外双方人员合影时，一般讲究“似右为上”“居中为上”“前排为上”。即合影时可使中方人员居左，外方人员居右；双方人员各自按照身份的高低，由中央向两侧分别排列。若一排排列不开时，可排成数排，但以前排位次为最高。

悬挂国旗

在涉外活动中悬挂中外国旗时，依然讲究“以右为上”。具体来讲，悬挂两国国旗时，应以居右者为客方，以居左者为主方。悬挂多国国旗，应以各国国名的英文字母为序，自右而左依次排列。

乘坐轿车

乘坐双排五座轿车时，其座次排列可分作两种具体情况：其一，由主人开车。通常以副驾驶座为上座，其他座位的座次由尊而卑依次应为后排右座、后排左座、后排中座；其二，由专职司机开车。一般以后排右座为上座，其他座位的座次由尊而卑依次应为后排左座、后排中座、前排副驾驶座。

关于宴请

参加正式宴请时，不论是做东还是做客，皆须在礼节上好自为之。

一般的规则

宴请方式

涉外宴请，讲究的是“吃环境”“吃文化”和少而精。既要体现特色，又要反对铺张浪费。赴宴者人数较少时，宜采用分餐方式。赴宴者人数较多时，则宜采用自助方式。尽量不要采用混餐方式。

菜肴安排

安排宴请的菜单时，最重要的地方是不要触犯客人的饮食禁忌，宗教禁忌、民族禁忌尤其不得冒犯。有可能的话，可以具有地方特色与民族特色的菜肴款待客人。

餐桌禁忌

在宴会上，用餐者在进食时不宜发出声响，不宜吸烟，不宜当众剔牙，不宜整理服饰，不宜化妆补妆，不宜为他人夹菜，不宜劝人饮酒。

西餐的餐具

刀叉

以刀叉进餐时，应当右手持刀，左手持叉。不要以之指人，或互相敲击。暂不用餐时，可在餐盘上刀右、叉左地将其摆成“八”字形，若将其并排摆在餐盘上，则表示本人用餐完毕。

餐巾

餐巾在西餐时只宜铺在大腿上，而不得掖在衣领上。不得以之去擦餐具。用餐途中暂时离开，可将餐巾放在本人座椅上。若置之桌上，则表示本人用餐已毕。在西餐宴会上，女主人铺开餐巾，一般表示用餐开始。女主人把餐巾放在餐桌上，则往往暗示此次宴请已告结束。

汤匙

不可令汤匙在林、盆之中“立正”，不可将其含于口中。饮咖啡时，不可以匙舀饮。

第二章　涉外礼仪基本要求

外事无小事

企业员工在涉外商务活动中的言行，不仅代表本企业，还体现当代中国人的精神风貌。为了维护国家形象，遵守外事纪律，应该注意讲话分寸，避免敏感话题。

热情真诚

讲礼仪是为了更好地与人沟通。与人沟通就要热情真诚，注意眼到、口到、意到。

眼到就是注视别人要友善。讲话时要看对方双眼，中间通常不能看，下面尤其不要看。不论男女，对客户，不能居高临下的俯视，应该采取平视，必要时仰视。注视对方的时间，应该是对方和你相处总的时间长度的 1/3 左右。问候时要看，引证对方观点是要看，告别再见时要看、慰问致意时要看，其他时间可看可不看。

口到就是会讲话，会选话题。讲话是文明程度的体现，也是受教育程度的体现。讲话要看对象，要看场合，要有规矩。

意到就是把友善、热情表现出来。既要从容得体，堂堂正正，又不要畏惧自卑、低三下四，更不要自大狂妄、放肆嚣张。

尊重隐私

尊重隐私就是人们在涉外商务活动中，刻意回避有关个人收支、年龄大小、恋爱婚姻、健康状况、家庭住址、个人经历、信仰政见、所忙事务等话题。尊重隐私与否，已被公认为一个人在待人接物方面有无个人教养的基本标志。

女士优先

在国外，尤其是在西方国家的人际交往中，人们讲究女士优先，它要求成年的男子，在社交的场合，要积极主动地以个人的举止言行，去尊重妇女，关心妇女，照顾妇女，保护妇女，并且时时处处努力为妇女排忧解难。能够这样做的人，会被人视为教养良好。

不必过谦

在外国人来看，做人首先需要自信。对于个人能力、自我评价，既要实事求是，也要勇于大胆肯定。不敢承认个人能力，随意进行自我贬低的人，要么事实上的确如此，要么便是虚伪做作，别有用心。所以在与外国朋友打交道时，千万不要过分谦虚，特别是不要自我贬低，以免被人误会。

信守承诺

在人际交往中，“言必信，行必果”是做人应有的基本教养。与外国朋友打交道，小到约会的时间，大到生意往来，都要讲信用，守承诺，不随便许愿，不失信于人，这样才能巩固双方的友谊。

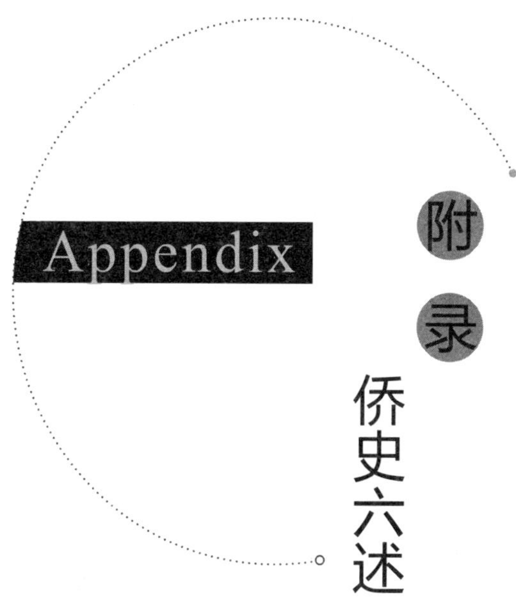

附录 Appendix

侨史六述

第一章　华侨旗帜、民族光辉——陈嘉庚

陈嘉庚（1874 年 10 月 21 日—1961 年 8 月 12 日），是著名的爱国华侨领袖、企业家、教育家、慈善家、社会活动家，福建省泉州府同安县集美社人（今厦门市集美区）。

1913 年，回家乡集美先后创办了集美小学、集美中学、师范、水产、航海、商科、农林等校（统称集美学校）和厦门大学。厦门大学、集美学村各校师生都尊称其为“校主”。

1949 年，应毛泽东主席的邀请回国参加政协筹备会。曾任中国人民政治协商会议全国委员会副主席、全国人民代表大会常务委员会委员、中华全国归国华侨联合会主席等职。曾被毛泽东称誉为“华侨旗帜、民族光辉”。

陈嘉庚一生为辛亥革命、民族教育、抗日战争、解放战争、新中国的建设作出了卓越的贡献。

投身政治

早期活动

陈嘉庚虽身处南洋，但一直心系中国，积极支持中国国内的革命活动。他结识了孙中山，在 1910 年加入同盟会并积极支持孙中山的革命活动。辛亥革命后，陈嘉庚担任福建“保安会”会长，筹款支援福建，稳定了当地局势。

陈嘉庚对于文化事业也是积极支持。他支援了范长江、

夏衍等人主办的“国际新闻社”和《华商报》等，还汇款支持邹韬奋复办《大众生活》周刊。

1928 年中国济南惨案发生后，南洋华侨掀起了声势浩大的声援运动，陈嘉庚担任“山东惨祸筹赈会”主席，积极筹款救济难民，还发起抵制日货运动。

坚决抗日

1937 年抗日战争全面爆发，南洋华侨筹赈祖国难民总会（简称“南侨总会”）在新加坡成立，陈嘉庚被推选为主席。他自己带头捐款，还组织各类活动。仅 1939 年一年，南洋华侨就向祖国汇款 3.6 亿多元，从卢沟桥事变到太平洋战争爆发的 4 年半期间，共计捐款约 15 亿元，极大地支援了中国国内的抗日力量。

1938 年 10 月，广州、武汉相继失守后，我国对外交通濒于瘫痪。新修建的滇缅公路成为最主要的军运大动脉。不但需要大批军运汽车，而且急需大批熟练的司机和汽车修理工。国民政府军事委员会西南进出口物资运输总经理处商请陈嘉庚先生在南洋代招募司机和修理工（通称“南侨机工”或“华侨机工”）。陈嘉庚领导的南侨总会遂于 1939 年 2 月迅速发出《征募汽车修机、驶机人员回国服务》的第六号通告。陈嘉庚一方面号召华侨捐款捐物，购买大量汽车和军需物品，另一方面还亲自到南洋各埠演说动员，广大华侨青年热烈响应、纷纷报名参加。白清泉等在新加坡首先报名，当即批准 30 名；廖国雄、赖玉光等在巴株、巴峇带头报名，当即批准 50 名。同年 2 月 18 日，首批南

侨机工回国服务团成员 80 名在新加坡集中出发，南侨总会举行盛大欢送会。陈嘉庚勉励大家：你们是代表千万华侨回国服务的，一定要坚持到底。新加坡报纸出版欢送专刊，把首批回国机工赞颂为“八十先锋队”。

访问延安

1940 年 3 月，陈嘉庚率领南侨总会组织的“南洋华侨回国慰劳考察团”，慰劳抗日前线的将士与后方的军民，这是他人生中的一大转折。在访问重庆与延安之后，他了解到中国抗战的真相，分清了是非，思想认识产生了飞跃，断定“共产党必胜，国民党必败”。

陈嘉庚访问延安是他政治生活的一个里程碑。他说，这次来延安慰问不容易，国民党造谣言破坏共产党的名声，处处设障碍阻挠我们到延安。陈嘉庚为了弄清国共摩擦的真相，劝说国共两党团结抗战，于 1940 年 5 月 31 日抵达延安。他原定在延安停留三天，恰巧因随行的李铁民车祸住院，这样陈嘉庚在延安多住了四天，6 月 8 日清晨，陈嘉庚离开延安东行，前往山西战区慰问考察。

在访问延安期间，陈嘉庚先生参加了四次群众性集会，同毛泽东、朱德和其他党政领导人多次会晤，深入交谈；参观了中国女子大学、抗日军政大学、延安市容和安塞钢铁厂、印刷厂；与财政、公安、司法负责人谈话；广泛接触集美学校和厦门大学的校友；并同延安各界人士和归国华侨青年进行了多次接触和座谈；出席延安各界的欢迎会和欢送会。

陈嘉庚这次访问延安，经过实地考察，亲眼看到边区军民一致，官兵一致，认为这是“克敌制胜之本”。反观国民党“大后方”官员腐败，坐待外援，民众疾苦无人过问，军事节节失利。对比之下，感到中国共产党深知民心侨心，国民党无视民心侨心。陈嘉庚说，这次访问延安最感满意的是，真正看到中共坚持国共团结、坚持抗战到底，立场坚定，态度诚恳；对边区各界艰苦奋斗的精神尤为感动。通过这次访问坚定了他对抗战胜利的信心。他断定“中国的希望在延安”。

解放战争时期

解放战争时期，陈嘉庚反对美国援助蒋介石，以南侨总会主席名义致电美国总统和国会表示抗议。并且抵制蒋介石召开的国民大会，指出蒋介石“一夫独裁，遂不惜媚外卖国以巩固地位，消灭异己，较之石敬瑭、秦桧、吴三桂、汪精卫诸贼，有过而无不及。”1947 年，又组织“新加坡华侨各界促进祖国和平民主联合会”(简称“民联社”)，积极声援民主党派关于制止内战的斗争。

晚年活动

1949 年 5 月，陈嘉庚应毛泽东的邀请，回国参加中国人民政治协商会议筹备会议，当年 9 月，以华侨首席代表身份参加中国人民政治协商会议。10 月 1 日，在天安门城楼参加了中华人民共和国开国大典。此后，陈嘉庚历任中央人民政府委员，中国人民政治协商会议第一届全国委员会常务委员，中央华侨事务委员会委员，华东行政委员会

副主席，中华全国归国华侨联合会主席，第一届全国人大常委会委员，政协第三届全国委员会副主席等职务。

1961 年 8 月 12 日，陈嘉庚病逝于北京，享年 87 岁。后安葬于福建集美鳌园。

兴办教育

重视教育

陈嘉庚不仅是伟大的爱国者、著名的实业家，而且也是一位毕生热诚为国兴学育才的教育家。陈嘉庚事业达至顶峰时，不过拥资一、二千万元左右，在当时的华人企业家中，比他富有的人为数不少，但为国家和民族兴学育才始终如一地慷慨输捐而自己一生过着非常俭朴的生活的，唯有陈嘉庚。陈嘉庚倾资兴学重点，一是集美学校，二是厦门大学，三是新加坡华侨学校。集美学校，从小学到中学及各类专业院校，学校规模之大，师生人数之多为全国之冠。与此同时，陈嘉庚在新加坡又先后积极资助与创办六所华侨华文学校，开创了华侨在海外办学新风。1919 年，陈嘉庚公司进一步发展，企业资产总值约达 400 万元左右，便雄心勃勃地回国筹办全国第一家侨办大学——厦门大学。为做表率，他带头认捐 400 万银元。其认捐数额正好与其当时全部资产总值相当。陈嘉庚在爱国兴学方面用钱气魄之大，目光之远，举世罕见。

创办学校

早在清光绪二十年（1894 年），陈嘉庚他就捐献 2000

银元，在家乡创办惕斋学塾。

1913 年，陈嘉庚在家乡泉州府同安县集美创办小学，以后陆续办起师范、中学、水产、航海、商业、农林等校共十所；另设幼稚园、医院、图书馆、科学馆、教育推广部，统称“集美学校”；此外，资助闽省各地中小学 70 余所，并提供办学方面的指导。1923 年孙中山大元帅大本营批准“承认集美为中国永久和平学村”，“集美学村”之名就是由此而来。规模这样宏大，体系这样完整的“学校”，全国还找不到第二个。

筹措校费

1921 年陈嘉庚认捐开办费 100 万元，常年费分 12 年付款共 300 万元，创办了厦门大学，有文、理、法、商、教育，五院 17 个系，这是唯一一所华侨创办的大学，也是全国唯一独资创办的大学。厦门大学于 1921 年 4 月 6 日开学，陈嘉庚独力维持了 16 年。后来，世界经济不景气严重打击了华侨企业，陈嘉庚面对艰难境遇，态度仍很坚定地说，“宁可变卖大厦，也要支持厦大”。他把自己三座大厦卖了，作为维持厦大的经费。

陈嘉庚倾资兴学，他希望有志之士，闻风继起，振我中华，故虽企业收盘，仍多方筹措校费，艰苦支撑，百折不挠，估计他一生用于办学的款项，约达美金一亿元以上。在他的倡导下，许多华侨纷纷捐资兴学，蔚然成风，影响极为深远。

海外办学

在新加坡，陈嘉庚对于当地华侨子女的教育也非常热心，1919 年创办了规模宏大的“新加坡南洋华侨中学”，是当时南洋地区华侨的最高学府。在抗日战争结束后，他又创办水产航海学校，南侨师范和南侨女中等学校。当时有教会请陈嘉庚捐款 10 万元创办一所大学，陈嘉庚慨然答应，但提出要以兼设中文课程为条件。

在承担集美、厦大两校庞大开支的同时，陈嘉庚还于民国 10 年联络新加坡华侨，组织同安教育会，支持同安县创办 40 多所小学。民国 13 年，陈嘉庚把同安教育会改为集美学校教育推广部，至民国 24 年，先后补助本省 20 个县市的 73 所中小学，补助总额达 193227 银元，全部由陈嘉庚承担。在侨居地，陈嘉庚竭力倡办华文学校，曾任新加坡道南学校总理。此后，又捐资创办了崇福女校、南洋华侨中学、南洋女子中学等。

备享哀荣

1961 年 8 月 12 日陈嘉庚先生在京病逝。

早在 1918 年，陈嘉庚先生早已决定，逝后不将财产遗留给儿孙。“陈嘉庚先生治丧委员会”由周恩来总理担任主任委员，丧仪极为隆重。周恩来总理、朱德委员长亲自执绋，廖承志在追悼会上致词。陈毅在吊唁的时候激动地说：“陈嘉庚先生是一个有骨气的中国人。作为华侨领袖来说，他是一个杰出的爱国主义者，追随革命，善始善终，值得后人学习。”8 月 15 日首都各界举行公祭，公祭结束后，灵柩南运，专车经过的许多城市，当地党政部门和归国华侨都到车站献花圈致祭，最后在集美鳌园举行了隆重的安葬仪式，陈嘉庚先生在鳌园中长眠于世。

陈嘉庚先生是一个重要的历史人物，他的影响远远超出了国界，不仅中国内地人尊敬他，而且华侨和海外华裔也尊敬他。他的精神在海内外都将永放光芒。

第二章　一战华工

一战期间，15 万华工背井离乡、漂洋过海来到法国，参与了英法盟军的抗德战争，其中有近万名华工客死异国他乡。华工赴欧在战争中的献身精神及其所做贡献，值得我们后辈追忆、颂扬和深思。

时代背景

1914 年 8 月，第一次世界大战爆发，按说战场在欧洲大陆，和中国无关，但中国的北洋政府从战事一开始，就表现出参战的积极性和热情，甚至于向英法政府表态欲派 50 万中国军队到欧洲助战。协约国出于各自利益考虑，一度阻止中国派兵出战，但又希望中国可助一臂之力，最终在 1916 年 8 月出现了中国招募华工赴欧协助英法抗德的历史性一幕。

一战的爆发也助推了中国日益觉醒的、参与国际化的民族主义，并且给了北洋政府一个千载难逢的外交良机。梁士诒、顾维钧等人力主政府出兵参战，他们深入研究了战争对世界格局和中国命运的影响，强调参战可以使英法等西方列强重视中国的存在，真正促使中国加入西方主导的世界体系。而一旦协约国获胜，中国也将以战胜国身份收回战败国德国等在华获得的治外法权及租界特权。为此，他们推动北洋政府在1914年夏、秋及1915年三度向英法政府表态，希望参加协约国抗击德国及奥匈帝国的战争。中国政府的表态遭到日本和英国的反对。他们清楚中国政府是希望通过参战提升自己的国际地位，这将直接威胁到他们在华获得的巨大不平等特权。日本正是在战时趁火打劫，攫取了德国在山东半岛和青岛原有的管辖特权等权益。

1916年夏，随着欧洲战事的升级，特别是索姆河战役打响后，英法政府开始转变态度，希望中国政府给予帮助。它们要求中国采取变通之道，派遣大批劳工赴欧洲协助协约国，主要从事战勤及后方保障工作。

奔赴战场

从1916年5月中法政府签订招募华工赴欧洲战场时起，在短短两年中，有数万华工通过设在山东英租界威海卫的“大英威海卫政府招工局”被招募，他们分批陆续远渡重洋，来到法国和比利时战场。据史料记载，英法在华招募劳工有一套严格的招募及管理机制，以确保被招募者身体健康、遵守纪律、服从命令。以英国为例，华工在应聘时先接受英方的体检，被认可后要与英国政府签订三年的“打工”合同，里面明确其责任和权利。随后，他们要在华工集中营接受英方的必要培训。

华工编队按照英军的军事编制，有班、排、连、营四级，约500人组成一个劳工营，他们每个人的手上都戴有一个打着号码的“铜镯”。出国前，英国政府发给每个劳工

一些工钱，让他们交给家里。到欧洲后，按照华工所定等级（翻译、工头及普通工人等）发放月薪。普通华工被要求每天工作 10 小时，报酬为五法郎。因伤致残或阵亡、死亡的华工，本人或家属也会得到一定的补偿金。

战争期间，英法大约在华招募了 15 万劳工，俄罗斯也在华北招募了 5 万人。赴欧洲西线的华工，近 10 万人被分配到英国，4 万人被分配到法国，还有 1 万人被派给后来参战的美军。他们中的绝大多数从事战地后勤工作，包括维修道路和营房、挖战壕、运输物资、救护伤员、掩埋尸体、服务军工等。尽管华工伤亡惨重，但是多数华工还是得以在战火中幸存下来，并且在战后于 1919 年秋相继被遣返回国。大约有 11 万服务于英法的华工历经磨难，最终回国与家人团聚。在未回国的 3 万人中，有近两万人死于战火或疾病，其中，有名有姓的 1874 名华工尸骸，埋葬在 69 个欧洲公墓中。其余 1 万余华工留在法国工作、生活，成为客居法国的第一代华人。

历史功绩

总体观之，一战华工的历史功绩是不容抹杀或贬低的。他们对一战的贡献主要表现为：其一，华工赴欧参战，既充当了北洋政府寻求国家利益最大化的载体，又为中国后来参战创造了条件，进而为战后中国参加巴黎和会提供了良机；其二，华工成为百年前中国的政治精英们实现国际化战略以及国家认同理念的重要环节。华工在参战之余，接触到了欧洲先进的文明及科学技术，也受到西方自由民主法制思想的熏陶，他们开始自尊自爱、关注祖国的前途命运。回国后，他们成为西学及实业知识的宣传者，有的还转变成为坚定的无产阶级革命者；其三，华工爱国自强、勇于献身的情操，在很大程度上鼓舞了后来中国留法勤工俭学的知识精英们，他们中的杰出代表周恩来、邓小平，均在留法期间确立了自己为之奋斗终生的革命理想。1919 年中国爆发的“五四运动”以及 20 世纪 20 年代初中国兴起的新式工人运动，皆同一战赴欧华工有着密切的关联性。

第三章　美国排华法案

《排华法案》是美国于1882年5月6日签署的一项法案。它是根据1880年对《柏林盖姆条约》的修订而制定的。条例的修订允许美国暂停入境移民，国会很快就执行了这一决定。该法案是针对大量华人因中国的内部动荡和有机会得到铁路建设工作而迁入美国西部所作出的反应，是在美国通过的第一部针对特定族群的移民法。

时代背景

华人是在1848—1855年加利福尼亚的淘金热中开始大量进入美国的，一直持续到随后的一些大的劳工密集的工程，例如跨大陆铁路的修建。他们中的大多数来自在太平天国运动后陷入贫困的华南地区，来美意图找寻他们的财富。起初，那里有着充足的表层金，所以华人的到来能被容忍。

然而当容易获取的金的储量缩小、淘金竞争加剧的时候，对华人的憎恶也随之加剧。本土主义者团体开始声称，加利福尼亚的金子是美国人的，而后开始对外籍淘金者进行肉体侵害。华人们在被强行驱逐出金矿之后迁入了城市，主要是旧金山，从事薪酬劳动和仆役。随着美国经济的衰败，针对华人的憎恨被州长约翰·比格勒政治化，他将美国的不幸归咎于华人苦力和1864—1869年间签约建造中央太平洋铁路的华人劳工。另外一个比较重要的反华人组织是白人至上组织，它在全国大约有60个分部。

最初加州政府并不支持排华，但随着时间的推移，越来越多的华人来到加州，暴力经常在一些城市例如洛杉矶发生。到了1878年，国会决定制定和通过排华法案，但遭到了时任总统海耶斯（Hayes）的否决。在排华的狂热时期，加州甚至在1881年宣布将当年3月6日作为假日用以大规模的游行来支持排华法案的制定。

排华法案最终于1882年通过。而加州进一步通过了各项后来被认为违反宪法的法规，从而加深了对华人的排斥。法规通过后，大多数华人家庭面临着独自留在美国还是回到中国和家人团聚的抉择。全国尤其是加州的报刊开始抹黑和指责华人导致了白人失业等很多问题。警察也以各种机会逮捕华人。尽管当时对华人的厌恶极为广泛，但一些资本家和企业家由于经济因素而抵制排华法案。

后续影响

1882年，美国国会受理了共和党参议员约翰·米勒提交的排华法案，为此，美国国会作了激烈辩论。

主张排华者的主要依据是：华人有诸多的恶习和偏见，不可能在生活上美国化，更不可能接受美国建立在基督教基础之上的伦理道德标准；而且华工的大量涌入，造成了同美国工人抢饭碗的紧张态势。反对排华者的理由则是：

排华违背了中美《蒲安臣条约》中的自由移民政策，而且违背了美利坚合众国“自由、平等”的原则。

1882年5月6日，美国国会通过了美国史上第一个限禁外来移民的法案——《关于执行有关华人条约诸规定的法律》，即通常所谓的1882年美国排华法案。

排华法案是美国历史上对移民最为严厉的限制之一。排华法案在十年内禁止那些被雇佣为矿工的华人劳工进入美国，否则将遭到监禁或者驱逐。许多华人仅仅因为他们的种族而遭到残酷殴打。少数非劳工的华人想要移民美国必须获得来自中国政府的许可证明，然而这是极其困难的。

法案也影响到了已经在美国定居的华人。任何华人离开美国后想要再次进入美国必须获得许可。而且法案剥夺了华人移民的美国公民权，从而使华人永久孤立。法案通过后，在美华人鲜有机会与家人重聚或是在他们的新家园开始家庭生活。

法案废除

第二次世界大战期间，中美两国成为反法西斯同盟国，排华法案成为中美关系的障碍。经罗斯福总统提议，美国国会1943年12月17日通过了《麦诺森法案》，或称排华法案废除案，从而废除所有排华法案。该法案允许已经在美居住的华人成为已归化公民，并且不会受到驱逐出境的威胁，并允许每年105名华人的入境移民限额。

1952年，《移民与国籍法》通过（遭杜鲁门的否决，但最终被国会推翻）。该法案修订和合并了先前关于移民、归化和国籍的法律。它去除了种族作为移民和归化的障碍，使一些原本不具备资格的国家拥有每年至少 100 名签证配额。

然而大规模的华人移民并没有随之到来，直至 1965 年的《移民与国籍法》通过。在参众两院通过后，1965 年 10 月 3 日，美国总统约翰逊签署该法案。这项新法彻底废除了国籍配额制，取而代之的是东西半球限额：东半球为 17 万名，西半球为 12 万名，而任何一国每年的限额为 2 万名。但与自 1921 年以来的一些做法一样，基于某些条款使有些移民可以不受配额限制入境。新法扩大了可以不受配额限制入境的家庭成员类别，并为公民的非直系亲属以及甚至持永久居住身份的外国人的家属保留了大部分配额。至此，中国人才得到形式上与别国相同的待遇。

尽管排华法案在 1943 年就被废除，但在加州，华人禁止与白人通婚的规定直到 1948 年才被废止。而在其他州，类似法规仍在施行，直到 1967 年，美国最高法院一致裁决禁止跨种族通婚的法案违宪。

虽然该法案很久之前就被废止，但是它却长期以来是《美国法典》的一部分。即便是今天，虽然它所有的部分都被废除已久，但是其第 8 篇第 7 章题名为“排除华人”。它是第 8 篇（外国人和国籍）的 15 章里完全针对一个特定国籍或族群的唯一的章节。

美国加州众议院司法委员会 2009 年 6 月 23 日通过编

号 ACR42 的重要提案。提案内容是督促加州政府针对美国历史上歧视华人的排华法案，郑重表达道歉。

道歉法案

美国参议院 2011 年 10 月 6 日晚以全票通过一项法案，为 19 世纪末、20 世纪初的排华法案等歧视华人法律表达歉意。推动法案通过的华人领袖 7 日表示，这一法案通过为美国华埠了结了百年耻辱，带来了迟到的公正。美国众议院将于当地时间 2012 年 6 月 18 日下午 4 点就“排华法案”道歉案进行表决。

2012 年 6 月 18 日，随着众议院全票表决通过，美国正式以立法形式就 1882 年通过的《排华法案》道歉，美国华人历史掀开新篇章。

第四章　天使岛上的移民血泪

天使岛的音译是埃仑岛，位于美国太平洋西岸中点，旧金山市圣弗朗西斯科海湾口内，如今是美国加利福尼亚州的州立公园。那里景色秀丽、风光宜人。然而在20世纪初，这里却是一个臭名昭著的移民隔离处，千千万万的中国移民曾在此岛上历尽煎熬，留下斑斑血泪。

1882年的《排华法案》改变了美国的移民模式，种族主义和严格限制的移民政策取代了自由和不受限制的移民模式。在美国的历史上，特定的某一种族被限制入境还是头一次。天使岛移民拘留所就是在《排华法案》出台后应运而生的。1910年，天使岛被移民局选中以羁押和审查经由太平洋进入美国的大部分亚裔移民，其中华人占大多数。这个位于旧金山海湾的小岛，距海岸有一段距离，可以防止被羁押的人逃跑，岛上有分开的营房，便于隔离可能带有传染病的移民。

据统计，从1910年到1940年，大使岛先后关押过17万5千多名要求入境的中国人。那时，从中国到旧金山的航程一般要三四个月到半年，人们挤在“猪仔船”里，一路颠簸，历尽艰辛，好不容易到了旧金山。但一到港口即被移民站用驳船运至天使岛。一般欧洲移民到岛上办完例行手续立即乘艇入市，但中国人却要被监禁一段时间，

等候审查。少则被关两三星期，多则达三四年。天使岛的移民拘留所是一栋木制的两层建筑物，四周围有密密麻麻的铁丝网，室内空气污浊，光线昏暗，形同监狱。拘留所内经常有二三百名中国男性和三五十名中国女性在等候审查。

来到岛上的移民首先被分为几拨，白人单独隔离，华人则与其他亚裔移民分开。男性和女性分别被羁押，夫妻或异性亲人都不能见面交流，直到最后获准入境。

第一关是检查身体。一个亲历者用文字记录了当时的遭遇："初到时，我们来到拘留所大楼接受身体检查，医生要我们脱光所有衣服。一丝不挂示众乃奇耻大辱，中国人从不这样在大庭广众中裸露。他们检查了一遍又一遍。我们从未遇到过这样的事情——在白人的面前裸露身体。"

只有身体检查合格的人才能被分配到一张铺位。在面积有限的营房里，摆满了双层或三层的折叠床，除了床和放衣服的架子，没有别的家具。在狭小局促的空间里，毫无个人隐私可言，连厕所都是开放式的，没有门墙隔离。营房的门终日紧锁，窗户外面布满铁丝网，每天只在有限的时间可以到院子里呼吸新鲜空气，而院子外墙也围着铁丝网，并且有荷枪实弹的警卫站岗监视，以防止移民外逃。

天使岛生活条件的简陋困苦在一些华裔历史学家的著作里其实早已有所描述。刘伯骥所著并于1918年出版的《美国华侨史》称："岛名天使虽美，但华侨视之有如阎罗殿，谈来多有惧色。"拘留所"在该岛东北角，木料建筑，设备简陋，缺点至多。华人分男女宿舍，每间有一个大厅，布满两层或三层之木床。通常拘押在此单调生活中，有坐困至一二年者，状如老囚”。

在这形同监狱的营房里，最折磨人的还并非物质条件的匮乏，而是漫长且苛刻的移民审问。每个人单独接受讯问，面对着两名移民检查官和一名翻译，问答被速记员当场记录下来。为了防止串通作弊，盘问同一个家庭的不同成员时，移民局多使用不同的翻译。

审讯一般进行两三天，移民官提出的问题非常细致，包括家庭历史、住宅结构、邻居以及个人的具体情况。同样的问题被用来盘问家庭的其他成员，以印证他们是否说谎，一旦发现不吻合的地方，就可能导致长期扣留或遣送回国，甚至殃及与移民申请者相关的亲戚。

典型的审讯问题是：

你家的大门朝向哪个方向？

你家的房子有多少扇窗户？

你在房间的哪一边睡觉？

卧室地板是什么材料做的？

你父亲每年给你写多少封信？

你父亲是如何汇钱给你到美国来的？

移民官的问题如此“刁钻”，是由于当时许多华人为了应对严格的移民限制，被迫花钱购买假文件，以假冒身份申请移民。1904 年旧金山地震引发的大火烧毁了所有官方的移民档案，这也使许多旧金山的华人得以谎称自己

在美国出生，从而能为远在中国的家属申请移民。有的人甚至谎报自己在中国有好几个子女，从移民局获得移民名额之后再把多余的名额卖给别人。冒名顶替的人，文件上的身份是假的，因此被称为“纸人”，像“纸儿子”“纸女儿”“纸姐妹”，等等。由于《排华法案》禁止华人妻子申请移民，不少妻子是以丈夫姐妹的身份入境的。

这种后来才被美国政府发现的地下交易催生了一批以“纸人”身份进入美国的华裔移民，但也让移民官们以更苛刻的方式百般拷问移民申请者。而为了应对这些无所不包的盘问，不管是以合法身份入境还是冒名顶替的华人移民都必须预先准备好答案并牢牢记住。很多人把问题和答案写在纸上，在漫长的旅途中一遍遍背诵。不过这些长达几十页的笔记必须在轮船抵达美国之前被销毁，否则一旦被搜查出来，将被视为作弊的证据。

按照通常的程序，即使能顺利通过第一次审问而且所有的移民材料都没有问题，华人一般也需要在天使岛上滞留两到三周时间才能入境，这还是在天使岛移民拘留所建立之初不堪忍受等待数月的华裔移民不断向美国移民当局抗议才争取来的。相比之下，其他亚裔移民只需在天使岛上呆两三天时间就可离开，而东海岸以接受欧洲移民为主的埃丽斯岛更是只需两三个小时就能处理完一件移民申请。那些被移民当局驳回申请的华裔移民也可以选择向华盛顿当局进行申诉，但是通常整个申诉程序走下来多半要耗上几个月甚至一两年时间。

1940 年，天使岛移民拘留所的大楼焚于一场大火。次年，日军发动太平洋战争，中美成为盟国，美国方被迫关闭了天使岛移民站。1943 年，美国议会正式废除了排华法案。随着岁月的流逝，人们渐渐把天使岛淡忘了。1970 年，天使岛被开辟为州立国家公园。人们在清理移民站废墟时，发现一堵残墙上留有许多汉文诗章，顿时引起全美轰动。这些诗章是当年被囚禁在拘留所的中国移民留下来的，内容有对美国排华政策的控诉，有对西方文化虚伪的揭露，有抒发怀乡思亲之情，还有表达盼望祖国早日富强的愿望。诗句血泪斑斑，情真意切，读之催人泪下，泣不忍睹。诗词历经岁月冲洗，仅存 135 首较为完整，美国华人社会将其鉴别整理，汇编成册，出版了《埃仑诗集》，成为研究美国华侨史的珍贵史料。

第五章　太平洋铁路华工

太平洋铁路——第一条横贯北美大陆的铁路，被英国BBC评为自工业革命以来世界七大工业奇迹之一。太平洋铁路为美国的经济发展做出了巨大的贡献，从一定意义上说，正是这条铁路成就了现代美国。

它全长3000多公里，穿越了整个北美大陆，是世界上第一条跨洲铁路，这条在美国人心目中被看成是奇迹的铁路，在当时的条件下，建设过程极其艰难。其中西拉内华达山地势险峻，是修筑太平洋铁路的最难关。这条伟大铁路最艰险的路段，是由以中国人为主的工人修建的。在美国中央太平洋铁路公司的铁路工人薪水发放记录中，华工的比例在工程后期甚至高达95%。

建造背景

19世纪中后期，今天的得克萨斯、加利福尼亚以及犹他州等地纷纷被并入美国版图。西部广阔、肥沃的土地等着更多的人前去开垦、耕种，大大小小的金矿银矿也缺人开采，而东部反过来又为西部的各种自然资源提供了加工地和市场。但美国当时没有一条贯通东西的交通运输线路，东部人要冒着巨大的生命以及财产危险才能到西部去，同时，加州的物产也很难运到东部来。美国政府意识到交通对于促进人民交流和经济融合的巨大意义，于是决定修建横跨美国大陆的铁路枢纽。

1862 年美国总统林肯批准通过了第一个建设太平洋铁路法案，该法案规定由联合太平洋铁路公司和中央太平洋铁路公司共同承建横贯大陆的太平洋铁路。联合太平洋铁路的起点是内布拉斯加州的奥马哈，中央太平洋铁路的起点则是加利福尼亚州的萨克拉门托。两个公司东西相向铺筑铁路。太平洋铁路西段要穿越整个内华达山脉，工程极为艰巨。当时美国南北战争已经燃起战火，这条铁路对美国北方来讲也有重要的战略意义。

建造困难

法国著名科幻小说家儒勒·凡尔纳在他的《八十天环游地球》里也提到了这段铁路修建的意义：如果没有它，八十天环游地球的梦想永远只是梦想而已。过去，从纽约到旧金山最顺当也要走六个月，而铁路建成后只需要七天。但是，就在全世界对这个工程大唱赞歌的时候，根本没有人注意到中国工人的贡献。事实上，如果没有华工的劳动和智慧，修建铁路所花的时间将远远不止七年。在全长近 1100 公里的中央太平洋铁路上，有 95% 的工作是在华工加入筑路大军的四年中完成的。

1863 年，修建铁路的工程最终承包给两个公司：中央太平洋铁路公司和联合太平洋公司。前者负责铁路的西段建设，后者负责东段的修筑。设计者计划的是，西段铁路

从西向东修起，东段铁路反之。两段铁路最终要在犹他州境内的某处汇合起来。

相比之下，铁路的西段，也就是所谓的“中央太平洋铁路”的修筑要比东段艰难得多。东部的地势以平原为主，而西部面临的多是巍巍重山、气候恶劣。东部的太平洋铁路公司在遭到印第安人人的激烈抵抗后，又发生财务丑闻。有人指控承包商向政府虚报成本，高出1倍以上。该指控还同时指出，部分国会议员已经被铁路公司收买，勾结铁路公司诈骗了至少500万美元，东部铁路不得不暂时停顿。这一丑闻最终的解决只是铁路公司董事长辞职，没有其他处罚。东部铁路进度重新开始。

艰苦条件

西段铁路于1863年1月8日在加州首府萨克拉门托两条街道的相交处破土动工。然而，从西部往东的路段，一开始便是最艰难的工程，在他们的前面是海拔2100米的内华达山脉，最初的40英里都是在崇山峻岭中穿行，必须建设50座桥梁和10多条隧道。施工条件极为艰苦，开工没多久，几百名工人偷偷溜走，加入淘金的行列中，缓慢的进度使得工程承包商面临破产的危机。

起初，对于负责西段的中央太平洋局来说，找筑路工似乎并不难，有大批的爱尔兰人每天随船抵达旧金山，但这些人根本无法适应危险且令人疲惫不堪的修路工程，酗酒、斗殴、持续性的要求增加薪资，即便如此，每天还是有数以百计的爱尔兰劳工逃跑，工程进展之慢只能用蜗牛爬来形容——导致中央太平洋局在两年之内只铺设了仅仅50英里（约合80公里）的铁轨，此外，白人工人还不断罢工。在无计可施的情况下，中央太平洋铁路公司的高管克劳克建议雇用华工。管理层抱着试试看的心态，在加利福尼亚州雇用了首批来自中国南方的50名华工。当时，移民到美国加州的中国人已经有将近五万人，其中90%是青年男子。当时华人来到美洲大陆，他们开金矿、修铁路、开发加利福尼亚的农业和参与小制造业、小餐饮业以及服务业，在一切可能生存甚至别人认为不能生存的地方，都留下了华人辛勤劳动的印迹。

华工优势

1865年2月，华工在众人怀疑的目光中走上了铁路建设工地。开始时，对华工的蔑视不光来自白人工人，就连工地的一些负责人也都认为华工体力单薄，个子矮小，根本没能力参加这么艰苦的工作。最后铁路的总承包人克罗科的话一锤定音：能修建万里长城的民族，当然也能修铁路。

果然，这50名华工，虽然各个看上去矮小单薄，干起活来却个个能吃苦耐劳，神勇无比。华工不像白人工人那样自由散漫，爱酗酒闹事。相反，他们循规守纪，头脑灵活，很多工作一学就会。

很快，尝到甜头的建筑公司决定大规模招募华工。铁路承包商甚至派人专门到中国广东省雇佣劳工，并与轮船

公司协商好以优惠的船票把中国劳工运到美国来。同时，公司上层还游说中美双方的外交人员，争取为华工移民美国创造便利的条件。在 1868 年的中美双方签订《蒲安臣条约》，中美交叉承认两国公民有自愿移民到对方国家去的权力。这又为美国在中国招募华工提供了法律依据。中央太平洋铁路公司成为第一个大规模雇用华工的企业。从 1865 年到 1869 年四年间，约有 14000 多名华工参加筑路工程，占工人总数的 90%，他们大多来自广东和福建两省。

死亡之旅

尽管美国人开出的报酬低廉，条件苛刻，但是在清末政治黑暗、民不聊生的情形下，出洋谋生对穷苦农民来说仍不失为一条出路，于是，一批批中国劳工开始踏上漂洋过海的轮船。但是那段航程却几近地狱之旅。华工从香港坐船出洋，到夏威夷要 56 天至 75 天，到加州要 75 天至 100 天。为了追逐高额利润，轮船公司把每船运载量增加到极限，甚至在本已狭窄低矮的船舱中再加夹层，最后留给每人的空间只有一尺多。在漫长的航行中，成百上千名华工像沙丁鱼罐头一样拥挤蜷缩在船舱，忍受着风浪颠簸，“日则并肩叠膝而坐，夜则交股架足而眠”。他们既缺乏空气、阳光，也缺少淡水、食品，许多人因此闷死、渴死、饿死、病死、被打致死或自杀身亡。根据有完整记录的资料，当年运载华工去美国的船只，曾有 4 船共载 2523 人、途中死亡 1620 人的纪录，死亡率高达 64.21%！也正因此，这些装载华工出国的轮船被称为“浮动地狱”。

据资料记载，当时坐船出洋的华工，尤其是后来去的几批，吸取了前面人饥渴而死的教训，常有很多人随身带着几个大南瓜。对于这些用未来两年工作报酬才能还清出洋路费的穷苦劳工来说，在乡间随处可觅的南瓜，几乎是他们唯一可以备得起的口粮。南瓜不仅可以果腹充饥，其丰富的水分也能解渴，在超出生理极限的非人环境中，一个金色的南瓜能够带来的生存希望，用怎样的笔墨形容都不会过分。并且，如果万一发生海难或者被人为地扔到海里，巨大的南瓜还能充作漂流救生圈！不能不说我们的先人是有足够智慧的。只是，这智慧的背后，折射出太多苦涩和辛酸。

铁轨在工人们的劳作中一米一米地向前延伸。高峰时期，有好几千名华工同时参加筑路。他们在工地上一天干12小时，工资比白人劳工低得多，而且伙食还得自理。严寒酷暑，崇山峻岭，沙漠盐湖，890英里的中央太平洋铁路线上，几乎没有一英里是适宜筑路的。要通过海拔二三千米的高山峻岭；冬夏两季，温差很大，冬天常有暴风雪袭击；分配给华工的往往是最险最累的活。

1866年，华工们开始挑战工程中最大的“拦路虎”——塞拉岭通道，被称为合恩角的花岗岩石墙是这里最难攻克的险关，它的下部是垂直光滑、深达1000英尺（约合304.8米）的悬崖峭壁。为了从笔直的山崖上劈出一条双轨宽的路基，华工把自己拴在吊篮里，从山顶上用绳索吊下

去，在半空中凿壁填塞火药，点火后再往上拉，那里的岩石之硬，常使得火药从炮眼里直接迸出，伤及华工；因为火药性能不稳或者绳索磨断而葬身崖底的华工，更不计其数。华工们腰系绳索、身悬半空，硬是开出一条行驶车辆的通道。据《美洲华侨史话》记载："在修筑 100 英里的塞拉山脉地段的铁路时，华工的死亡率高达 10% 以上。"

在开凿长达 1600 英尺的唐纳隧道时，连续两年遇上美国历史上罕见的严冬，很多从中国南方来的从未见过冰雪的华工被活活冻死在帐篷里。几个月后发现他们的尸体时，有的还握着铁铲和洋镐。当时，就有数百名死难的筑路华工的尸骨被送回中国埋葬。当然，葬身崖底的华工是不包括在里面。唐纳隧道曾是世界上最长的铁路隧道，也是中央太平洋铁路最艰难的一关。在一个多世纪之后，这条隧道仍然保护着穿越隧道的火车，阻挡着风雪。

如果以为华工们只会苦干那就错了，他们的智慧连美国工程师都不得不叹服。1867 年冬天，气温降到零下 23 摄氏度，工程因运输困难而陷入停顿，工程师们也束手无策。这时候，华工们想出一个方法，他们铺了一条 37 英里长（约合 59.5 公里）的冰雪道，利用光滑的路面拖运物资，这样不但恢复了运输而且加快了工程进度。

在凿穿唐纳隧道后，他们又征服了气温高达四五十摄氏度的内华达大沙漠和漫无边际的犹他大盐湖。在中央太平洋铁路与东段的联合太平洋铁路连接贯通前的最后阶段，华工接受爱尔兰劳工的挑战展开筑路竞赛，西段华工还创造了12小时铺轨10英里200英尺（约合16.41公里）的世界纪录！

尸骨遍地

除了汗水和智慧，华工们还付出了生命。可以毫不夸张地说，大铁路是华工用生命铺就的。

1865年底到1866年初，接连5个月的暴风雪使雪崩频繁发生，有时候整个营地的修建美国太平洋铁路的华工们都被埋没。几个月后，冰雪融化，人们才找到遇难华工的尸体，他们的双手依然紧紧握着工具。

1866年冬，在塞拉岭通道施工中，有500到1000名华工死于雪崩。

1867年，内华达地区遭遇有记载以来最大的暴风雪，积雪最厚的时候达到十四米深，但停工一天即意味着资本家的巨大损失，于是四巨头不顾天气，仍然责令工人继续施工。而这批具有惊人忍耐力和牺牲精神的工人，就在深深的积雪中继续不停地开掘路基、铺设铁轨。经常有人在劳动中就被无常的暴风雪夺去生命，有时甚至整个营地遭遇雪崩而被掩埋，许多人的尸体直到几个月以后冰雪融化才被发现，他们已经僵硬的手中还紧紧地握着铁镐。

1868年，工程延伸到内华达山——今天的美国人把这段铁路称为“内华达山上的中国长城”，约有1000名华工死在这里。1970年，人们从当地沙漠中挖出2000磅（约合907.2公斤）的华工尸骨。

广为流传的“每根枕木下面都有一具华工的尸骨”，这句话绝非夸大其词。

除了恶劣的工作环境，更让人愤怒的是华工所受的歧视。他们付出了巨大的牺牲，拿的钱却比白人工人少。铁路公司每月付给白人工人 35 美元，还提供食宿；付给华工的却只有 26 美元，还不供食宿。再者，华工全部没有人身保险，公司还不承担对工人家属的任何义务。华工们在 1867 年唯一的一次大规模的、要求和白人劳工同等待遇的抗议示威也被巨头之一的克洛克摧毁了。

2003 年 4 月，后来自杀的华裔女作家张纯如的《在美国的华人：一部叙述史》在洛杉矶出版，该书揭露了早期华工所受的歧视，在美国引起强烈的反响。

第六章　南侨机工

“南侨机工”是抗日战争时期，积极投身于抗日救国运动的最典型、最具影响力的爱国华侨群体，是中国共产党倡导的抗日民族统一战线，以国共合作为基础，团结一切可以团结的力量，抗击外来侵略，获得民族解放旗帜下诞生的一个爱国群体。1939年，日本侵略者对中国的侵略日益加强，中国人民为民族尊严、为保卫和平，奋起救国自救，海外千万侨胞“有钱出钱，无钱出力”。为保障抗战物资运输国际通道滇缅公路的畅通，3000多名南洋华侨青年司机和修理工，响应“南洋华侨筹赈祖国难民总会”主席陈嘉庚先生的号召，组成南洋华侨机工回国服务团，毅然应征回国，共赴国难，他们活跃在抗日运输线滇缅公路上，用自己的技术、汗水和鲜血，维系着抗日物资运输的生命线，将自己的青春和生命无私地奉献给祖国，有一千多名南侨机工为国捐躯，长眠于祖国西南边陲的土地上，为抗日战争的胜利做出了巨大的贡献，谱写了一部可歌可泣的爱国主义篇章。他们的英勇事迹，彰显了海外侨胞与祖国同舟共济、同仇敌忾的爱国主义情怀、展现了中华民族为国捐躯、视死如归的优良品质。

团队概述

南侨机工，基本由东南亚地区的华侨组成，共3000多人，分别由前后约9批回国支援抗战，为抗战做出了特殊的贡献。他们归国后，主要从事滇缅公路的运输和汽车维修等工作。

事件背景

抗战爆发后，日军侵略沿海城市，国民政府集中了陆军精锐于上海与敌展开了激烈战斗，上海是当时中国的重要工商业城市——经济重镇。由于日军的侵略，沿海的大量工商业工厂和银行等，纷纷从沿海迁往内地，中国守军的殊死抵抗，为这些工商业工厂和银行的搬迁争取了一定的时间。其中大批工厂就迁到了云南昆明，由于地处大西南，昆明就成为了抗战的大后方。当时在昆明重建的工厂就有几十家之多，主要从事钢铁和军工产业。伴随工商业工厂等一同迁徙的还有大量的人员，西南地区人口猛增。但是当时中国的军工生产能力比较落后，可以制造一些良好的轻型武器，但是像飞机和坦克、卡车等重型装备，则依靠外界援助或者对外购买；还有生产原料和迁徙人员的日常生活用品。

中国当时沿海重要港口基本都失陷，而西北公路和滇越铁路也由于国际局势的变化，先后断绝。国民政府考虑了可能出现的上述危机，于1938年年底修建了一条从昆明至缅甸的公路，公路和缅甸的中央铁路连接，直通缅甸的仰光港，这就是滇缅公路。本来公路是为了抢运国际援助和国外购买的物资而紧急修建的，但是在公路竣工后，公路就成为了当时中国和外界联系的重要公路，不仅要负责抢运军事物资还要运输工业生产原料和大后方人民的生活物品。

国民政府成立了“西南运输处”负责相关运输事务。而运输处成立以后的第一要务便是大量地招募和训练司机，于是，大量的司机被政府派遣至缅甸仰光接车，将国外援助和购买的汽车、卡车等组装完成，并且载上物资，驶回西南大后方。有了汽车，滇缅公路才能发挥作用，从 1939 年至 1942 年的三年期间，滇缅公路一共抢运回国一万三千多辆汽车。当汽车有了保障的情况下，司机严重匮乏的情况便出现了，这时旅居海外的华侨向祖国伸出了救援之手。东南亚华侨领袖陈嘉庚先生，在得知祖国需要大量汽车司机和修理人员之后，发出了“南侨总会第六号公告”，号召华侨中的年轻司机和技工回国参加抗战，与国家一同战斗。公告马上得到了响应，众多爱国华侨踊跃报名，有的甚至放弃了优越的条件，当时志愿回国援助抗战的华侨前后共有 3192 人。他们被称为“南洋华侨机工回国服务团”，先后 9 批回国。

准备工作

离别之时，出现了诸多父母送子、妻子送郎的场面。

根据当年第二批回国的南侨机工，王亚六老先生的回忆，当时在新加坡的码头马六甲，送别场景人山人海，连当时很多外国友人也来送行，那一批回国的南侨机工共500人左右，他们站在船的一边挥手告别，船都歪了。

当南侨机工们到达大后方之后，都要进行两个月左右的军事训练，根据老人回忆，这些知识之中，防空知识最为实用，防空知识在他们以后于滇缅公路上抢运物资之时，起了非常大的作用，拯救了很多机工的生命。在前面几批南侨机工已经投入到紧张的运输工作和修理工作的时候，后面几批南侨机工们也紧跟着前往祖国。

运输战斗

滇缅公路运输的黄金时期，没有延续一个很长的时期，由于日军侵略的加剧，东南亚和中国国土的逐渐沦陷，日军已经可以对滇缅公路的全线进行空袭了。一开始敌军就想方设法要将公路切断，断绝外界的援助和当时中国与外界的联系。为了有效地断绝公路的运输，日军重点在公路的咽喉要道进行轰炸，也对来往的车辆进行轰炸。道路两旁的居民们为了保卫滇缅公路也进行了一系列的保护措施。昌淦桥架设于澜沧江上、惠通桥架设于怒江之上，这两座桥梁是敌军攻击的重中之重，滇缅公路关系重大，一刻也不能停止运转，两座大桥几经破坏，在敌人空袭之后，抢修队便马上开始修复工作。1941年1月，日军飞机第14次轰炸昌淦桥，这座满目疮痍的大桥被彻底炸断。得手之后，晖通过电台宣布，滇缅公路断绝，3个月内无通车希望，一时紧张的气氛开始蔓延，但在不久之后，滇缅公路即恢复了运输和通车，南侨机工们其他运输队伍立即投入了紧张的运输工作。

原来抢修队已经事先考虑到大桥可能在敌人越发频繁的轰炸中被炸断，所以已经想到了替代办法，即采用空汽油桶和木板做成渡船，然后司机们只要将汽车开上渡船，在将渡船拉过河即可。后来，又使用了空汽油桶和渡船所搭建起来的浮桥以提高通行能力。当“渡船”搭建好后，第一个上“渡船”的正是南侨机工中的王亚六老先生。老先生安全地将车驶过了澜沧江。

在运输过程中，南侨机工的司机们，不仅要冒着敌机的轰炸在崎岖难行的上路上开车，而且当时公路修建之后便立即投入使用，并非如现在的现代化公路一样，所以有的南侨机工便在空袭中壮烈牺牲。高强度的运输任务和紧张的生活，加上汽车也有时穿行于气候条件恶劣的地区，南侨机工们也有些因为疾病而牺牲。

公路断绝

为了提高公路的通行能力，国民政府的交通部先后花费巨资，购买先进设备和物资，准备将滇缅公路铺设成柏油路面。1942年3月，正当公路的西面的路段进行铺设的时候，日军对缅甸发动了突然进攻，仰光港的大批没有来得及运输的物资被日军缴获，随后日军向北推进，并且打

败了前来保卫的中、美、英联军，5月攻入云南境内占领了怒江以西的地区。1942年5月以后，滇缅公路的运输彻底断绝，公路上原本繁忙的司机和车辆变得多余了起来，南侨机工们和众多司机则被解散。突然的失业使得南侨机工们十分狼狈，在大后方举目无亲，再加上东南亚地区也基本被日军占领，无法再回去。所以在1942年的下半年，南侨机工们基本都度过了一段难忘的清苦的岁月，一些南侨机工们便是在那段日子中成了家。

好在当时汽车司机们找工作并不算是一件难事，南侨机工们大多都找到了一份赖以谋生的工作，直到抗战的胜利。

赤子功勋

1985年，云南省政府，在昆明西山为南侨机工们修建了一座碑高9米的“南侨机工抗日纪念碑”，底座上书四个大字“赤子功勋”，以此来纪念那些毅然回国为祖国抗战服务的华侨赤子。纪念碑的碑文上这样写道，“当年回国服务的南侨机工共有三千多人。有一千多人因战火、车祸和疾病 为国捐躯，另有一千多人在战后回到居住国，而剩下来的一千多人则一直留了下来。目前，幸存者不及百人……”。陈嘉庚先生生前一直对那一千多名南侨机工的牺牲感到不安，他嘱咐后人，每隔几年要去云南昆明代他祭奠那一千多名长眠于云南的华侨青年。2002年清明节，云南电视台拍摄了陈嘉庚先生的孙子陈立人先生来到昆明祭奠南侨机工，并且和南侨机工们的后人见面的情况。

如果滇缅公路意味着抗战的物资保障，那么那些归国服务的南侨机工们就是运输这物资的人，1939年至1942年的三年时间，滇缅公路一共抢运了50多万吨军需物资和1万5千多量汽车还有那些无法统计的其他物资及用品，根据统计，抗战中中国军队的物资和装备几乎有一半是通过滇缅公路运进来的，而运输着这些物资的汽车，正是由南侨机工们和其他司机一起驾驶的。

2005年，德宏傣族景颇族自治州人民政府在原滇缅公路中国段的终点——畹町，建成南洋华侨机工回国抗日纪念碑。纪念碑高悬云空，直指苍天，气势雄伟，俯瞰着滇缅公路。

中国华侨出版社侨类图书（部分）

序号	书名	作者	定价
1	新时代，新思想，新目标，新征程：华侨华人热议十九大	编写组	18.00
2	前进中的中国侨联（1956–2006）	编写组	158.00
3	华侨与中外关系史	丘进 万明主 编	68.00
4	华侨史概要	赵红英 张春旺 主编	45.00
5	国际移民政策与治理	李其荣 著	68.00
6	世界视野：走出国门的中国新移民	赵红英 张春旺 主编	48.00
7	追逐梦想：新移民的全球流动	张秀明 乔印伟 编著	48.00
8	第 3 次移民潮的兴起和趋势	李路 编著	18.00
9	中国侨联年鉴 2016	中国侨联年鉴编纂委员会编著	450.00
10	中国侨联年鉴 2015	中国侨联年鉴编纂委员会编著	400.00
11	中国侨联年鉴 2014	中国侨联年鉴编纂委员会编著	400.00
12	中国侨联年鉴 2013	中国侨联年鉴编纂委员会编著	480.00
13	中国侨联年鉴 2011	中国侨联年鉴编纂委员会编著	380.00
14	美国华侨华人史	（美）令狐萍 著	75.00
15	缅甸华侨华人史	范宏伟 著	72.00
16	北京侨联志	北京市侨联 编著	68.00
17	贵州侨史	吴筑星 李德生 著	38.00
18	浙江华侨史	周望森 著	35.00
19	浙江华侨史（精）	周望森 著	78.00

20	昆明华侨史	昆明市归国华侨联合会 著	46.00
21	广州台山华侨史	梅伟强 著	38.00
22	徽风皖韵众侨心——安徽归侨口述录	赵红英 康晓萍 主编	26.80
23	潍水侨心：潍坊市归侨口述回忆录	柳松波 编著	68.00
24	报效祖国献青春：吉林归侨口述录	林明江 主编	31.00
25	南通老归侨口述史	《南通老归侨口述史》编撰委员会 著	48.00
26	南通新侨口述史	《南通新侨口述史》编撰委员会 著	200.00
27	泰国归侨英魂录	泰国归侨联谊会编委会 编	35.00
28	五邑华侨义冢与跨洋迁葬	傅健 编著	38.00
29	五邑华侨与中国民族民主革命	张运华 著	35.00
30	江门五邑侨汇档案选编	刘进 李文照 执行主编	110.00
31	华侨抗战影像实录	黄晓坚 编著	88.00
32	世界华商发展报告（2017）	王辉耀 康荣平 主编	32.00
33	中国华侨国际文化交流基地故事	中国华侨历史博物馆 北京大学华侨华人研究中心 编著	80.00
34	南侨机工档案史料选编：云南省档案馆馆藏部分	厦门市华侨历史学会 编	128.00
35	四邑淘金工在澳洲（中、英版共两册）	杨于军 编译	32.00
36	五邑侨乡田野调查	梅伟强 编纂	38.00

联系电话：64443501

投稿信箱：64443056@163.com

图书在版编目（CIP）数据

新时代侨务工作知识手册 /《新时代侨务工作知识手册》编写组编 .
—北京：中国华侨出版社，2018. 8（2024.1 重印）
ISBN 978－7－5113－4407－6

Ⅰ. ①新… Ⅱ. ①新… Ⅲ. ①侨务—工作—中国—手册
Ⅳ. ① D634－62

中国版本图书馆 CIP 数据核字（2018）第 171372 号

新时代侨务工作知识手册

编　　者：《新时代侨务工作知识手册》编写组
责任编辑：姜薇薇
责任校对：王晓锋
封面设计：姜宜彪
版式制作：大燃图艺
经　　销：新华书店
开　　本：889 mm × 1194 mm　1/ 32 开　印张：6.375　字数：140 千字
印　　刷：北京天正元印务有限公司
版　　次：2018 年 8 月第 1 版
印　　次：2024 年 1 月第 6 次印刷
书　　号：ISBN 978－7－5113－4407－6
定　　价：18. 00 元

中国华侨出版社　北京市朝阳区西坝河东里 77 号楼底商 5 号　邮编：100028
编 辑 部：（010）64443056－8013　传　真：（010）64439708
网　　址：www.oveaschin.com　E-mail：oveaschin@sina.com

征订单

围绕新时期侨务工作重点，我们聘请专家学者在深刻把握党和国家侨务政策的基础上，编撰了《新时代侨务工作知识手册》、《侨务知识百问百答》，作为第十届侨代会的献礼图书。

《新时代侨务工作知识手册》是一本内容丰富的功能手册，书稿全方位阐述了新时代侨务工作的方方面面，全书共分为 6 个部分：华侨华人简史与概况、侨务工作历史和现状、我国涉侨机构、中国公民在海外、涉外交往注意事项、侨史六述，全书语言精练，涵盖内容丰富，便于新晋侨务工作者更好地理解并做好侨务工作。

《侨务知识百问百答》采用一问一答的形式分别从身份认定、社会保障、政策法规、投资兴业、公益事业、人才引进等 10 个方面，深入阐释了侨务工作中常会遇到的问题，明确解答了有关侨务工作的各种法律法规规定和政策措施，便于侨务工作者的查阅。

出 版 社：中国华侨出版社
地　　址：北京市朝阳区西坝河东里77号楼 1层底商5号
出版日期：2018 年 8 月
邮　　编：100028
联 系 人：张鹏辉　187 1005 0438

汇款信息如下：
户　　名：中国华侨出版社有限公司
开户银行：中国建设银行北京三元支行
账　　号：11001045100059610420

征订回执

<table>
<tr><td colspan="3">书　　名</td><td>定价</td><td></td><td colspan="2">数量</td><td>金额</td></tr>
<tr><td colspan="3">《新时代侨务工作知识手册》</td><td>18.00 元</td><td></td><td colspan="2"></td><td></td></tr>
<tr><td colspan="3">《侨务知识百问百答》</td><td>15.00 元</td><td></td><td colspan="2"></td><td></td></tr>
<tr><td>订书单位</td><td colspan="6"></td><td rowspan="3">（盖章）</td></tr>
<tr><td>收货地址</td><td colspan="6"></td></tr>
<tr><td>联 系 人</td><td></td><td>邮编</td><td></td><td colspan="2">联系电话</td><td></td></tr>
</table>